メディア・コミュニケーション
その構造と機能

石坂 悦男／田中 優子 編

法政大学出版局

目　次

まえがき ……………………………………………………………… vii

第 1 章　メディアとしての布 ………………………… 田中　優子　1
　はじめに ……………………………………………………………… 1
　1　反産業革命をになう ……………………………………………… 3
　2　「手仕事」の意味 ………………………………………………… 10
　3　神々あるいは自然と人間を結ぶ ………………………………… 16
　おわりに――ポータブル・メディアとしての布 ………………… 27

第 2 章　客観報道における「客観」とは何か …… 藤田　真文　31
　1　報道における客観‐主観の二項対立 …………………………… 31
　2　客観‐主観図式の成立と変化 …………………………………… 36
　3　客観‐主観の二項対立を超えて ………………………………… 42

第 3 章　米国報道メディアと市場ジャーナリズム … 荒木　暢也　49
　はじめに ……………………………………………………………… 49
　1　米国ジャーナリズムの道筋 ……………………………………… 50
　2　底流に流れるもの ………………………………………………… 54
　3　市場ジャーナリズムの概観 ……………………………………… 56
　結びに代えて ………………………………………………………… 65

第 4 章　ストーリーと切断技法の映像認知における役割
　　　　　……………………………………………… 金井　明人　69
　はじめに ……………………………………………………………… 69

iii

	1 映画におけるストーリーと切断技法 ……………………………… 70
	2 映像に関する認知プロセスモデル ……………………………… 76
	3 切断技法と認知 ……………………………………………………… 80
	4 ストーリーと認知 …………………………………………………… 83
	5 広告におけるストーリーと切断技法 …………………………… 85
	おわりに ………………………………………………………………… 88

第 5 章　イベント・メディア化するテレビ
　　　　「ウォーターボーイズ」論 …………………… 丹羽 美之　91

　1　「男子シンクロ」ブーム ……………………………………………… 91
　2　映画に参入するテレビ ……………………………………………… 95
　3　シンクロするドラマと現実 ………………………………………… 98
　4　観光地化するテレビ ………………………………………………… 103
　おわりに——テレビ番組分析を超えて …………………………… 107

第 6 章　広告コミュニケーションの変容と消費社会
　　　　　　　　　　　　　　　　　　　………………… 須藤 春夫　113

　1　広告の本質 …………………………………………………………… 113
　2　ブランドの生成 ……………………………………………………… 114
　3　消費者中心主義の台頭 ……………………………………………… 117
　4　消費の個性化時代 …………………………………………………… 119
　5　マーケティング重視の意味 ………………………………………… 121
　6　市場原理と広告の矛盾 ……………………………………………… 122

第 7 章　世論・メディア・政府
　　　　近代日本における「見取り図」を描くために ……… 奥　武則　127

　はじめに——課題と方法 ……………………………………………… 127
　1　1874 年・民撰議院設立建白書 …………………………………… 129

2　1905年・日比谷焼打ち事件 ………………………………………… 133
3　1931年・満州事変 …………………………………………………… 138
おわりに——四つの「構造モデル」 ………………………………… 143

第 8 章　情報環境の権力構造
情報の秘匿と公開 ……………………………… 石坂　悦男　149

1　情報環境と状況認識 ………………………………………………… 149
2　情報の秘匿と保護 …………………………………………………… 151
3　情報の公開 …………………………………………………………… 159
4　マス・メディアと知る権利 ………………………………………… 165

第 9 章　コミュニケーション的行為論と民主主義
ハーバマス『事実性と妥当性』の一考察 ………… 吉田　傑俊　173

はじめに——「コミュニケーション的行為論」から民主主義論へ ……………… 173
1　「権利・法」のコミュニケーション的行為論による再構成 ……… 176
2　近代法治国家のコミュニケーション行為論的再構成 …………… 181
3　「第三領域としての市民社会論」と「新しい社会運動」論 ……… 187
4　ハーバマス民主主義論の意義と限定 ……………………………… 193

索　　引 …………………………………………………………………… 198

まえがき

　私たちはいま，メディアなしには社会の中で起こっている出来事や事実を知ることができない。私たちの日常はメディア・コミュニケーションに圧倒的に依存しているのである。しかも，そのメディアの技術進歩の速度は速く，とくに1990年代以降のメディアのデジタル化とコンピュータ・ネットワークのグローバル化は，文字通り地球規模で社会的諸事件と人々の日常とをリアルタイムでつなぎ，人々の状況認識や政治，経済，文化のありように大きな変化をもたらしている。

　だが，高度に発達したメディアに媒介されるコミュニケーションが内包する意味については，まだ十分に捉えられていない。メディア・コミュニケーションの急激かつ広範な展開が人々の認識世界と知の構造および社会の組織化をどのように変えていくのか，また個人の自立と平等，社会の公共性や共同性の構築，国際相互理解にとっていかなる意味をもつのか，私たちはまだわかっていないのである。

　周知のように，コミュニケーションの手段としての各種メディアの出現と社会的普及は，文字であれ印刷技術であれコンピュータであれ，人間のコミュニケーション行為の発達に重要な役割を果たしてきた。それは，コミュニケーション・メディアの社会的構成が知識の存在形態をいかに条件づけてきたかを歴史的に分析してみれば明らかである。かつて印刷メディアがもたらした「読む」「書く」ことの社会的浸透が「思考の社会化」を促し，表現の自由権確立の契機となり，知識や思想の社会的普及と近代市民社会の成立とを結びつけたのである。あるいは写真やラジオや映画やテレビの出現と普及による「聴く」「見る」ことの広がりが，視聴覚による経験の均質化，イメージの共有化をもたらした。それは新しい文化を生み出すと同時に，社会の大衆化・ファシズム化の社会的土壌を醸成したのである。

　コミュニケーションの手段としてのメディアは技術的に高度な発達を遂げた。が同時に，特定の政治経済システムのもとで，その所有形態や利用形態

が歴史的に形成された。メディアが，組織としてあるいは産業として発達するにつれ，その機能は規定・制約されたのだった。その結果コミュニケーションの自由を阻害する社会的な構造が生み出されてきた。そして，このメディア・コミュニケーションの経済的制約や政治的（権力）規制が，人々の認識世界を歪め，現実を見誤らせるのである。

冷戦終焉後，市場経済には急速なグローバル化が起こった。そのもとで，リアルタイムな報道が展開し，インターネットが普及した。それは今日のメディア・コミュニケーションのもつ制約と可能性の問題として，いまあらためて問われねばならない。

このような問題関心から，本書はメディア・コミュニケーションの構造と機能，その制約と可能性の追究を試み多様な角度から議論を提起している。まず第1章では，人間と社会にとってそもそもメディアとは何か，メディアが媒介するコミュニケーションとは何かを問う。新聞や書籍やテレビ等のいわゆるマス・メディアだけでなく，実は「もの」も人間にとってのメディアであるという視点から，メディアの根源である「神と人間との媒体（すなわちメディア）」としての布がどのように使われてきたか，また産業革命後の大量生産の時代にガンディーやモリスがどのように布をメッセージの媒体として使い反産業革命を唱えたかについての検証を通して，メディアとしての「もの」の歴史，布のコミュニケーション機能について考察する。

続いて第2章では，コミュニケーション手段としてのマス・メディア世界の構造を認識論の視点から分析する。ジャーナリズム論の主要なテーマである「客観報道」論を取り上げ，「客観」とは何を意味しているかを考える。そのために，「客観報道」論を再考する認識論的な基盤を提供している，デカルト，ロック，カント，ポパーの認識論のなかで，「客観」と「主観」がどのように位置づけられているかを比較検討し，報道主体の状況認識の主観性（あるいは批評性）と報道の客観性について考えるための示唆を与えている。しかし，マス・メディア報道に内在する問題は複雑で認識論の次元のみに止まらない。それは主としてマス・メディア報道の展開の場が資本主義市場であるという現実に規定されている。第3章は，その問題点を米国ジャーナリズム史を俯瞰しながら論じる。「市場ジャーナリズム」によるメディア

の巨大化と情報の寡占化が民主社会が維持すべき自由で多様な主張をことごとく失わせていくこと，それは巨大メディアが観客市場，広告市場，株式市場を独占し，同時に情報源をも押さえ込むからであること等々を明らかにしている。ここで論じられていることは，いまなお国際情報の多くを米国のメディアに依存している日本社会に住む人々にとって重要なメッセージである。

　他方，現在のメディア・コミュニケーションの顕著な特徴の一つとして，映像と映像メディアの占める役割の増大に注目しないわけにいかない。第4章は，映像の「受け手」の認知処理のメカニズムを分析する。映像のストーリー的側面と同時に，映像のストーリー以外の側面を強調するための方法論（「切断技法」）を援用して，受け手が違和感なく映像に接するためにストーリーが重要な役割を担っていること，ストーリー以外に注目させるためにあえてストーリーの連続性を切断することによって受け手に異なった印象を与えることを実証的に明らかにする。

　映像メディアについて，第5章は，テレビの機能変化をテレビ文化の視点から，その特徴としてテレビのイベント・メディア化の意味を論ずる。メディア・イベントを演出することによって私たちの生活世界を根底から植民地化していくテレビ文化の実態を捉えるために，テレビ局の映画事業や観光地化するテレビ局の分析を通じて，テレビが演出するイベントが社会的にどのように受け入れられていくかを明らかにする。それはテレビのある風景をこれまでと違う方法で描き出すテレビ文化研究の新たな試みの一つである。

　次に，第6章では，現代社会におけるメディア・コミュニケーションにおいて重要な位置を占める広告の機能を分析する。広告は資本主義社会の生産・流通の一要素として，個人の欲望と消費に日常的に深く関わっており，メディアの総体を「広告メディア化」してしまうほどにメディアの社会的存在形態をも規定する。ここでは広告の発展過程をたどり，広告の社会的機能の変容を明らかにしている。

　メディア・コミュニケーションのもう一つの重要な問題は，現代社会におけるメディアと権力の関係である。メディアはどのように権力過程に組み込まれているか，メディアにおいて権力がいかに行使されているか，それがどのような影響をもたらしているか等々について明らかにすることは，現代の

メディア・コミュニケーションの機能を認識するうえで不可欠である。第7章は，こうした問題に歴史的なアプローチを試み，近代日本の具体的な事件をもとに，世論・政府・メディアの関わりを追究し四つの構造モデルを提示して，メディアを権力関係の作動と関連させて理解することを試みている。さらに第8章は，メディアが権力へ組み込まれている実態を，メディアを取り巻く情報環境の権力構造に求め，情報の秘匿と公開の社会的仕組みが今日のメディア・コミュニケーションをいかに阻害しているかを明らかにする。同時に国民主権原理の視点から，民主主義社会における権力からのメディアの自律の意義について論及している。

　第9章は，前章までの歴史的考察や実態論を受け，コミュニケーション行為と民主主義の関係を理論的に論じている。ここでは，ユルゲン・ハーバマスの『事実性と妥当性』の検討を通して，「コミュニケーション的行為」がたんにコミュニケーションとしてではなく社会的行為論であるという観点から，市民の相互了解や同意という「コミュニケーション的行為」によってこそ，法や国家また市民社会などの「妥当性」が根拠づけられるというハーバマスの主張の現代的意義と同時にその限定性を解明することを試みている。この試みはメディア・コミュニケーションの可能性と民主主義の新たな発展を展望する上で貴重な理論的示唆を与えている。

　本書は，今日のメディア・コミュニケーションをめぐる問題状況の全般を扱ってはいないが，そのいくつかの重要な側面に焦点をあて，実態と理論の両面から，メディア・コミュニケーションの構造と機能，その制約と可能性について考察を試みた。本書の議論が，学生諸君はもちろんメディアと現代社会のあり方に関心をもつ人々にとって，メディアと社会の関係を考えていくための一つの契機となれば幸いである。

　本書の刊行にあたっては法政大学社会学部研究・教育基金の出版助成を受けた。また，本書の刊行を快諾いただいた法政大学出版局と編集にあたって多大なご尽力をいただいた編集部の秋田公士氏に心からお礼を申し上げる。

2005年7月30日

編　者

第 1 章　メディアとしての布

　　　　　　　　　　　　　　　　　　　　　　　田中　優子

はじめに

　こんにち「メディア」というと，インターネットやテレビや各種音源のことをさす。少し遡って活字メディアのことであろう。「メディア系」「メディアの人間」「メディア・リテラシー」等々の言葉を考えてみるなら，その場合のメディアとは具体的な何かをさすのではなく，「報道」や「情報」一般のことを意味している。メディア・リテラシーは報道や情報を読み解く，あるいは操作する能力ということだ。われわれは表面の意味から背後の意味を探る能力や，技術を尽くして操作する能力さえ必要になってきている。表面的な情報と奥に隠された意味，操作する対象としての情報，ということを考えるならば，この場合メディアという言葉は明らかに「マスメディア」をさし，さらには，具体的な媒体から抽象的な概念に，その意味を変えているのである。

　たとえば「活字」という言葉は「もの」の側面を失って単に「文字メディア」の意味になっている。メディアの歴史についての講義で，学生が「活字って何ですか？」と聞いたことがある。私は金属や木で作られた，文字を印字する道具のことを話していたのだが，彼はそれを知らなかった。活字とは文字の意味だと思っていた。メディアはもはや実体のない情報の雲海のようなイメージを与えているに違いない。

　しかしそのイメージにもかかわらず，メディアは実体である。「もの」である。メディア関係の職業に携わる人間にとっても，メディアとは生々しい自分の視点であり，体力であり，語り口であり，恣意的な隠蔽であり，強調であり，カメラであり，マイクであり，あらゆる具体的なものの総合である

に違いない。歴史を遡れば遡るほど，その具体性は明瞭であった。マクルーハンは「中世の彩飾文字，注解，彫刻はすべて写本文化の中心的性格である記憶術の諸相である」[1]と書いた。そこに建築を付け加えてユーゴーの『ノートル・ダム・ド・パリ』を挙げるまでもなく，かつて建物，ステンドグラス，彫刻物，文字の形や音などあらゆる「もの」が書物に匹敵する読み物でありメディアだった。medium は周知のように，神と人間を結ぶ霊媒を意味し，media はその複数形である。メディアには各文化圏のすべてのシャーマン，巫女，占い師，陰陽師が含まれる。さらに彼らと神との媒介物である，亀の甲羅，鹿の骨，あらゆる種類の鳥，太鼓，旗，青銅器が含まれる。甲羅や骨や青銅器に刻まれた文様はやがて，呪術的であると同時に意味と音を表す「文字」になった。布に染織され紙に描かれたいわゆる「文様」とは，甲羅や骨や器に刻まれていた文様と同じく，霊媒の使用する記号を起源としている。

そうしてみると「布」は，人間の歴史上に現れた多様なメディアのひとつである。メディアという視点から布を見た場合，人間のさまざまな社会的行動が浮かび上がってくる。布とはそういう「もの」である。まずテレビやコンピュータが情報伝達目的の道具であるのに対して，布は実用的な機能をもっている。布は高温や低温から人体を守るためにまとうだけでなく，敷く，包む，被う，懸ける，穿く，かぶるなどの機能をもっており，包むという機能から派生してあらゆる形の入れ物になり，懸けるという機能から派生して文字を書いたり絵画を描く媒体としても使う。さらに，まとう・着るという機能から派生して，その形や色や文様が文化圏，宗教，身分，職業，民族，部族，性，社会的立場，気分，性格，貧富を示すようになる。これらの表示機能は個体と社会との関係を取り結ぶメディアとしての役割だが，形や色や文様は人間どうしのみならず，本来の意味でのメディアつまり，神と人間，あるいはあの世とこの世を結ぶ霊媒的な機能も果たしている。「神」や「あの世」は近世・近代になると，「自然」という表現になり，人間と自然とを結ぶメディアとして，人間が扱うようになるのである。

人間どうしを取り結ぶ機能という側面では，布は紀元前から流通し，やがて地球規模で流通・伝播した産業界最大アイテムである。布の残存や技術の

歴史は，交易という名のコミュニケーションの軌跡そのものであった。そのために産業革命の契機ともなり，布の生産革命は植民地支配と表裏一体となった。ものの生産は気候風土に左右される地域独特のものだが，産業革命はその特色をなめ尽くすように地球全体を画一化してゆく。

ヨーロッパの植民地政策と大量生産と生産物の画一化のなか，人間はその流れに反してやがて，布を新しいメッセージの担い手とするようになる。布のメディア性は色や文様や形のみによるものではない。近代以降，メディアとしての布は，布自身の生産方法や生産者を重要な意味（政治的・文化的意味）として発信するようになるのだった。それを表す言葉のひとつが，「手仕事」である。この論はまずその「手仕事」から始めようと思う。

1　反産業革命をになう

ガンディーにとってのチャルカ

今，私の机の上に「チャルカ」がある。チャルカとはインドの紡ぎ車のことだ。紡ぎ車は紀元前にインドで発明され，中国でもすでに紀元前 100 年頃には使われていた。その後全世界に広まり，日本では江戸時代に盛んに使用される。インド，中国，日本ではこれで綿花を糸にする（ヨーロッパでは羊毛にも使う）。日本では床にすわり，垂直に立っている車を回すのだが，いま目の前にあるチャルカは車の部分が寝ている。薄い箱にすっぽり収まり，その中で回すようになっている。このチャルカは折りたたみ式で，モハンダス・カラムチャンド・ガンディーがインドとヨーロッパを往復する船の中や，旅の途上で使っていたのと同じ型なのである。

ガンディーはインドのポールバンダルの大臣の息子で，英国の大学に行き，弁護士資格をとり，南アフリカで仕事についた。そのときに受けた差別が契機となり，差別撤廃の運動に入ってゆく。南アフリカにいたからこそ，英国の植民地であるインドの構図が見えたのである。ガンディーの運動の柱は二つある。ひとつは非暴力の基礎となるサッティーヤグラハ（真理の把持＝受動的抵抗）として知られている。もうひとつはヒンドゥー・スワラージ（インドの自治，国産の推進）である。その両方が交叉するところに，「手織布

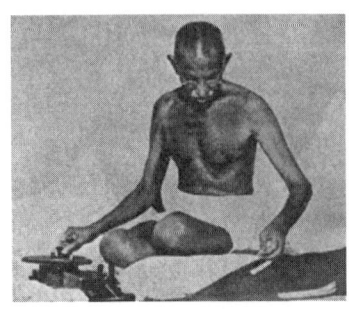

図1　チャルカで糸を紡ぐガンディー

図2　サッティーヤグラハ運動時代のガンディーの服装

地（カーディ）および手紡ぎ車（チャルカ）の運動」が位置づけられた。

　ガンディーは南アフリカにいるころから，サッティーヤグラハの実践として断食や菜食や欲望のコントロールをおこなっていたが，それは世界や社会における自分の位置づけの実践，つまり自己生成でもあった。ガンディーは常に，南アフリカの労働者階級やインドの不可触民と同じ暮らしをしようとしている。南アフリカでは弁護士らしい英国のスーツを脱ぎ捨て，口髭を剃り，インド人労働者の着るさらし木綿のドーティ（dhoti　両端を前中央から股をくぐらせて後ろに回し，胴囲にはさみこんでズボンとして使う長い布）をはいてクルタ（kurta　長袖，膝丈のゆるやかな上衣）を着ていた。かつて着衣はそれを着る人の階層を，はっきりと表す機能をもっていたのである。また，列車で移動するときは必ず三等車に乗った。店でパンを買わず自ら粉を挽き，イーストの無いパン作りもしていた。イギリスの社会思想家ジョン・ラスキンに強い影響を受け，弁護士と理髪師の仕事の価値は同じでなければならないと，彼は考えた。また農民と手工業者の質素な労働生活こそが真の生活であるとも考え，自らそれを実践しようとしたのである[2]。ガンディーはのちに，詩人タゴールに次のような言葉を送っている。

　食うために働く必要のないわたしが，なぜ糸を紡ぐのか，と聞かれるかもしれません。なぜならわたしは自分に属していないものを食べているからです。わたしは同胞たちを掠めて生きているのです。あなたの懐

（ふところ）に入ってくるすべての貨幣の跡をたどってごらんなさい。そうすれば，わたしの言うことが真実なのを実感なさるでしょう。なんびとも紡がねばなりません！　タゴールも紡ぐがいい。他の人々も同じように！[3]

　ガンディーが糸紡ぎをするようになったのは1915年，46歳のときに南アフリカからインドに帰り，アーマダバードにサッティーヤグラハ・アシュラムを作ってからのことである。しかし南アフリカ時代の生き方を見ても，ガンディーは一貫して自己を，「自分に属していないものを食べ……同胞たちを掠めて生きている」者として規定していた。そしてできる限りそうならない生き方をしようと努めていたのだった。

そのころの世界構図

　ガンディーが南アフリカで見てしまった世界の構図とは，誰か（あるときは英国人であり，あるときはインド人自身であり，あるときはあらゆる白人）が他の誰か（英国にとってはインド人，インド人にとっては不可触民，白人にとっては有色人種）を掠め取って生きている構図に他ならなかった。アーマダバードのアシュラムは，その搾取をはねのける拠点とされた。そこでガンディーはまず自ら糸紡ぎを実践し，工場製のドーティとクルタを脱ぎ捨て，手紡ぎ手織りの布を体に巻きつけたのである。その上で人々に，しまってある紡ぎ車を持ち出して自ら紡ぐように，と呼びかけた。これはイギリス製品のボイコット運動と連動しておこなわれ，自国生産によるインド復興への道筋をつけ，ヒンドゥーとイスラムの対立を乗り越え，独立に向かって連帯する力の源泉となった。

> 1908年までに紡ぎ車や手織機を見たことは記憶していません。それでも『インドの自治（ヒンド・スワラージ）』では，紡ぎ車によってインドの貧困は解消されると私は信じたのでした。そして，貧困が解消される道に従って自治が達成されることは，すべての人に理解できるでしょう[4]。

図3（左） 菱川師宣「中村竹三郎」。千葉市美術館。江戸初期の役者が着ているこの絣縞の羽織は輸入品と思われる。

図4（下） 歌川国貞「誂織当世島・吊り船」。静嘉堂文庫。江戸時代ではこのように縞を「島」と表記した。南アジア，東南アジアからきた木綿の意味である。これは国産化された島木綿の宣伝チラシ。

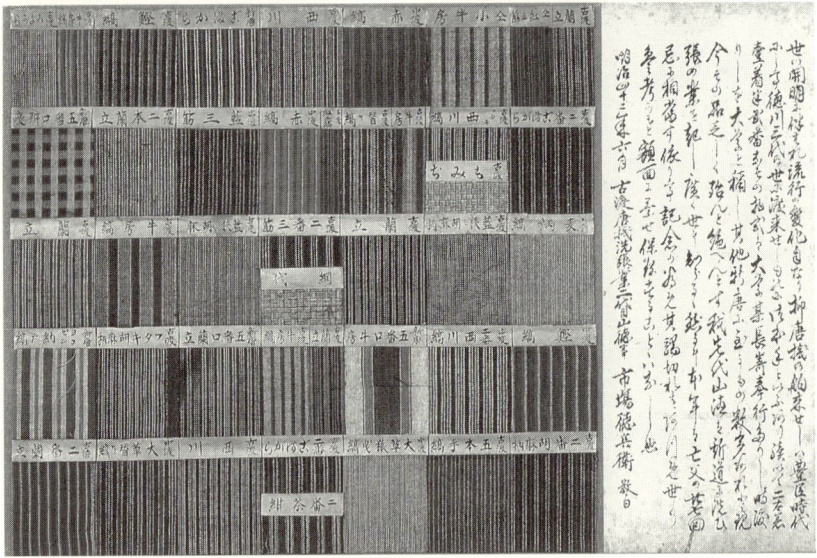

図5 明治時代に作られた，江戸時代の古渡り唐桟見本帳。アジアからの舶来品を国産品と区別して古渡りと言った。

ガンディーはそう考え，アーマダバードのアシュラムに手織機を導入し，職人を招いて技術を伝授してもらい，その行動を通じて「インドの織工たちの生活，収入，綿糸を入手する苦労，このことでどのように騙されているか」を知るようになっていった。「織工たちは，上等な布地はすべて，外国製綿糸で織って」いた。なぜなら「細い糸を紡いでいなかったから」[5]だという。

江戸時代を研究している私は最初にこの言説に出会った時，非常に驚いた。なぜなら日本の綿織物はインドの，極く細い糸を紡ぐその高等技術に出会い，発展していったからである。江戸時代に生まれて庶民の衣料となった「唐桟（とうざん）」はもともと，インド，マドラスのサントメ（桟留）から積荷される木綿の島（縞）織物をさしていた。江戸時代の人々はその糸の細さと絹のようなしなやかさと，極めて細い縞文様に驚愕し，それをインドの島々から来た「島もの」と呼び，盛んに模倣したのだった。ストライプを今でも「しま」と呼ぶのはその「島もの」が由来である。明治大正の国産唐桟でさえ，その他の縞織物とはレベルが違う。細手木綿糸で織られるインドの唐桟を模倣した細密な縞織物である。現在でもなお，江戸の唐桟を継承する館山唐桟だけがその高い技術を受け継いでいるが，それでもかつての唐桟やインドの細手にはかなわない。インドは18世紀後半までは，世界一細い綿糸を紡いでいた地域だったのであり，その商品特性から，大量の輸出を可能にしていたのである。それが，ガンディーの時代には誰も糸車を回しておらず，細手の技術さえ失っていた。これが産業革命の実態であり，植民地主義の結果である。産業革命は，それまで自立していた多くの職人から職を奪っただけでなく，人間としての能力も奪っていたのだった。

ガンディーたちはさらに紡ぎ車を探した。しかし「紡ぎ車は見つかりませんし，紡ぎ車を動かす人が見つかりませんでした」という。紡ぐ技は女性のもので，それもほとんど絶えてしまっていた。それでも四方八方探すと，「たくさんの家に紡ぎ車があって，屋根裏部屋に置かれて」いることがわかる。道具も技術もありながら，インドの技術を模倣して機械に作らせたイギリスの工場製品の安さに，太刀打ちできなかったのである。それでもガンディーは諦めなかった。「もし紡いだ糸を誰かが買い取ってくれて，スライバ

（田中注：打ち終わった綿花を細い竹に巻いて作る篠巻のこと）を供給してくれれば」人々は糸を紡ぐことができるのだった。しかしガンディーは工場で作られたスライバを使わない。綿打ち職人を捜し出し，ボンベイで綿の物乞いをし，とうとう，綿打ちから手織りまでの工程（当時工場でおこなわれていた工程）をすべて，アシュラムで手によっておこなったのである。ガンディーが工場製の木綿で作られたドーティとクルタを脱ぎ捨て，一枚の手織り木綿をその身体に巻き付けるようになったのは，このころだった。

ガンディーにとっての衣

これを契機にして起こったチャルカの運動は，宗教を超えた大規模な動きに発展したばかりでなく，病気がちだったガンディーを健康にしたという。「私の部屋では紡ぎ車が響き出したのです。この道具が，私を病気から回復させるのに助けになったといっても誇張ではありません」[6]と。人は時間短縮と大量生産のために産業革命を実現させたが，実際には多くの失業者と病人を出現させていた。手仕事が人間の健康回復に与える影響は，さまざまな事例からも無視できない。

一方日本では1858年，明治維新の契機となる日米修好通商条約が結ばれていた。その年，200年前からイギリスに搾取されていたインドは完全にイギリスに併合され，イギリスの植民地となる。明治維新はその10年後，1868年にやってくる。ガンディーが生まれたのはその翌年であった。日米修好通商条約と明治維新はのちに「日本の夜明け」と言われるようになるが，その夜明けの後ろに隠された世界には，インドを初めとする多くの植民地の存在があった。日本にとっての明治維新とは，その植民地争奪戦に参加することにほかならなかった。布はこの植民地の存在と，それと表裏になった「産業革命」と呼ばれる工業化（工場における大量生産）を織り込んで，世界に展開していたのである。

「手織布地（カーディ）および手紡ぎ車（チャルカ）の運動」はインド独立の契機となったが，この生産方法が工場生産に勝ったわけではない。身体に巻かれた手織り木綿は，「工業文明の上に非暴力を築くことはできません」[7]と語るガンディーの非暴力，不可触制撤廃，反植民地，反工業化のシ

ンボルとなり，今でも大きな影響をもっている。

　ガンディーはイギリスのテレビカメラの前で「国王と会う時もその格好ですか」と問われ，「もちろんです。他の格好をしたら失礼です。自分を偽ることになりますから」と答えている。「社会において衣類とは何か」の答のひとつが，ここにはある。衣類は世界・社会の中での自分の位置と思想を示すメディアであり，本来そうあるべきだ，という考え方だ。ソースタイン・ヴェブレンは1899年の『有閑階級の理論』で，近代では人々の価値基準が「みせびらかすための閑暇」と「みせびらかすための浪費」になった，と書いた。閑暇と金銭的富は，それを持つものの能力の高さを目に見えるかたちで表現するからである，と[8]。ブランド物追随を代表とする「みせびらかし」もまた衣類のメディア性の一側面であり，一般に「ファッション」とか「装飾性」と呼ばれる。近代で一般的になったこの衣類観は，「他の格好をしたら失礼です。自分を偽ることになりますから」という衣類観とは正反対だ。ガンディーは「自分を偽る」という意味でこのとき，artificialという言葉を使っている。artificialを否定するのか肯定するのか，衣類は人の位置と思想を示すメディアであるのか，人の能力の高さを誇示するメディアであるのか，この二つの態度が近代に生まれた，と言えるだろう。ただしマーケットが賑わうのは後者の場合のみであった。

　今まで見てきたように，ガンディーの運動に見える布は，思想と生き方そのものであり，またそれを広く伝えるメディアとして機能した。そこには二つの側面があった。ひとつは衣類すなわち「何を着るか」という面であり，もうひとつはそれをどう作るか，すなわち「労働の方法，人間の生き方」という面であった。どちらも，ガンディーの日々の生活と命をかけておこなわれた。彼は実際に自分で作り，自分の身にまとった。また職能を伝授してもらうために，不可触民がアシュラムに入って来ることに対する仲間内の抵抗と，常に戦わねばならなかった。自分の命や生活とひきかえに，着る物を選び取ったのである。実際にガンディーと聞いて，スーツ姿を思い出す人はいないだろう。弁護士であったことを思い起こすことも希である。それほどガンディーの手織り布姿は，歴史の記憶に深く残った。手織布地（カーディ）はこのとき，強力なメディアとして，意識的思想的に，選び取られたのであ

る。

　ガンディーの紡いだ糸やそこから織られた布は，作品でもなければ表現でもない。メッセージがこめられている，と言ってもTシャツに言葉を印刷して着るのとはわけが違う。テキスタイルアートやファッションデザインにおける「作品」や「表現」，メッセージTシャツなどは，ここから見ればとてもメディアとは言えない。

2　「手仕事」の意味

マスコミと布

　皮肉なことだが，ガンディーがartificialであることを否定して身につけていた手紡ぎ手織り布の類は，今やブランド物にまさるとも劣らない奢侈品になっている。婦人ファッション誌『メイプル』が組んだ特集を例に挙げてみよう[9]。これは中年の女性を対象にしたやや高級な雑誌で，この号は非常によくできた特集で編まれていた。特集のタイトルは「「和の布，アジアの布」がある暮らし」となっている。特集の表紙には「一枚の布から広がる豊かな世界」「手仕事の美」「手仕事のぬくもり」というキャッチコピーが書かれ，次のような文章がある。

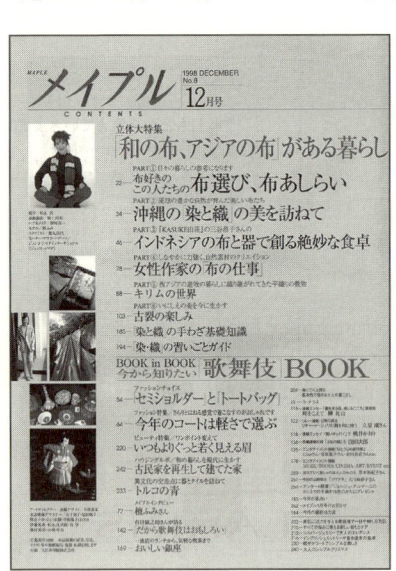

図6　『メイプル』の目次

　和の布，アジアの布が醸し出す素朴さと洗練とぬくもり。手をかけて丹念に創られた布は，そこにあるだけで，心豊かな空気感を生み出してくれます。布を手にしていると，これを生かしたいという思いがわいてきます。現代の作家が創る布や古い布，伝統的な布など，国を超えてもつ手仕事ならではの美しさとさまざまな表情を味わってください。

ページをめくると「日々の暮らしの参考になります。布好きのこの人たちの布選び，布あしらい」「緑に囲まれた一軒家でバリ島スタイルをヒントにイカットを活用する」「シンプルな空間にバティックをさりげなく合わせて表情を与える」「さまざまな国の布が自由な感性によって交ざり合い，モダンな空間に生かされる」「布を壁面にかけ，人々の情熱に思いをはせつつ，アジアのアンティークの布の美しさを堪能する」「気のおけない仲間と囲むにぎやかな食卓」「一枚の布と器の組み合わせ三通り」「女性作家の「布の仕事」」等々。この長大な特集のあいだには，グッチやプラダやエルメスの商品情報が入り，また特集に戻って沖縄の芭蕉布，キリム絨毯の店，日本の古裂屋の情報などが並ぶ。歌舞伎の基礎知識の付録，銀座のレストラン情報，染め織りの基本知識など，ファッションと食べ物と教養という構成である。その編集方法を見ると，経済力と知識欲のある30代以上の女性を対象にしており，商品の金額が数万から数十万の範囲であることから，実際に宣伝効果があるのは富裕層の50歳以上の主婦，という線が浮かび上がってくる。

　ここでも布は，あることを伝えるメディアとして使われている。それは「グッチやプラダも持っているけれどそれだけではない知的な私」「ハワイだけではなくアジアへもでかけたいと思っている，みんなとはちょっと違う個性的な私」「キャリアを積むだけでは足りないと知っていて，伝統の知も身につけようとしている私」という自画像である。江戸時代の浮世絵美人画が，インドおよび国産の更紗や唐桟を絵の中に頻繁に使ったように，現代の日本でもアジアの布は「一般的でない差異化されたファッションアイテム」という意味を担っている。江戸時代と違うのは，今ではそれが歌舞伎や着物と並んで，「伝統的なるものに理解と共感を示すことのできる知性」のイメージを担っていることだ。これが「伝統的なるもの」の方にもっと近寄ってゆくと，『家庭画報』のような，より高齢のより富裕な層を対象にした編集となり，アジアの布はそういう場合，茶席や着物と組み合わされることが多くなる。

　「手の労働は，より浪費的な生産方法である。したがって，このような方法によってつくり出される財貨は，いっそうよく，金銭的名声の目的に役立つ」[8]と，ヴェブレンはすでに1899年に書いている。自給自足からあまりに

もかけはなれた現代の生活にとって，手仕事で作られたものは高額で，質素な生活の指標なのではなく富裕の指標となっている。あるいは，ラオスやミャンマーなどで入手できる非常に手がこんでいて安価な製品（人件費の違いから安く手に入るという意味）は，欧米や日本でその十倍の値段で売られる。祭儀や葬儀などを目的に共同体の生活の一部として制作されてきた布は，外国人バイヤーや観光客に高額で売れるようになると，ともかく速く大量に織られるようになり，当然のことながら，染料や手工芸にそれまでとは違ったところがでてくる。また，バイヤーが買い付ける品物は当然，日本人や欧米人の富裕層の，「モダンな空間に生かされる」「アジアのアンティークの布の美しさ」にあてはまるものだけが偏って選ばれることになり，大量に作られるものがある一方で，多くのものがすたれるのである。

こうして，伝統にあこがれる人々の買い物やそこに誘うマスコミの動きは，仲買人と出版社を潤すことはあっても，結果的に伝統を壊すことになる。これはもともと，前近代の共同体的な制作方法が，世界マーケットの規模にもマスコミの規模にもなじまないためであろう。布はマスメディアではなく，共同体のメディアとして機能してきた存在なのである。

ウィリアム・モリスの布の背景

しかし，伝統的な工芸品が商品とならないわけではない。中世を念頭におきながらインド更紗を伝承し，新しいイギリスのインテリアを作った人がいた。ウィリアム・モリスである。モリスはガンディーと同様，産業革命から始まった工業化製品の普及に危機感をもち，それとはまったく異なる工芸製品を作った。

ガンディーが影響を受けたジョン・ラスキンは1819年に生まれ，まさに産業革命を目の前で見ながら，1900年に亡くなった。ウィリアム・モリスはガンディーと同じようにラスキンに影響を受けたが，ガンディーの一時代前の1834年に生まれ，1896年には亡くなっている。ラスキンとモリス——彼らもまた，経済だけを基準に動くイギリスの工業化の過程に深く失望し，それとは正反対の方向に自分を投入した人々だった。

モリスは上層階級の出身者でオックスフォード大学を出ているが，常に自

分で手仕事を覚え，実際に作り，そのことで社会を変えようとした。晩年には社会主義活動家として，無数の講演をこなしていた。ガンディーが糸紡ぎと手織りをインド統一と独立のシンボルとしたように，モリスは染色と織物の職人仕事を，社会主義のシンボルとしたのである。

モリスは弁護士でもなく有色人種でもなく建築家志望の芸術青年であったから，差別体験とは縁がない。しかしやはり，近代の工業社会の問題はまず「労働のしかたにある」と考えていた。

> 真の芸術とは，人間が労働に対する喜びを表現することである。その幸福を表現しなくては，人間は労働において幸福であることはできないと思う[10]。
> 文明世界によってなされる労働は大部分は不誠実な労働だ[11]。
> 誰も必要としていない幾千という品物を作り……誤って商業と称している，競争的な売買の要素としてしか用いられないような品物を作るような労働こそ廃止すべきなのだ[12]。
> 中世の職人は自分の仕事をやるのに自由であった。それで，できるだけ，それを自分に楽しいようにした。……労働は非常に少ない価値しかもっていないので，自分や他人を楽しませるためにそれを何時間，浪費しても文句はいわれなかった。しかし現代のはりきった機械工の場合には，その一秒一秒が無限の利潤にふくれあがっているから，芸術などにその一秒たりとも費すことは許されない[13]。
> 醜悪な品物をつくるために自由競争の商業が傭いいれる奴隷の数は厖大である。しかしこれとは別に単に浪費されているにすぎない労働は莫大な量にたっしている。魂を殺してしまい，動物的な生命をさえ短くするような恐ろしい非人間的な苦労をして下らぬ品物をつくっている何千という男女がいるのだ。これらはみな奢侈といわれるものの奴隷なのだ。この言葉は現代的な意義に解釈すると偽りの富の蓄積ということになる。……芸術を得ようとおもうのだったら，われわれは直ちに，きっぱりと，この奢侈と手を切らなければならない。……奢侈のかたわらで芸術は栄えることはできない[14]。

モリスはこのように，工業製品の醜悪の根本には，喜びをともなわないなげやりで効率第一主義の労働があると見た。モリスはそのデザインに注目が集まるのだが，ラスキンの影響を受けて建築家を志望したときには，中世芸術の研究者でもあった。中世の職人が芸術を作り出し得たのに，なぜ近代の工場に芸術は不可能なのか？　それがモリスの問いである。その答のひとつは，人の労働が人の全体性から切り離され，時間で買われているからであった。

全体性の渇望

モリスは中世だけでなく，まだ工業化されてない地域にも注目した。たとえばインドについてこう述べている。

> このインド半島の有名な歴史的な芸術はすべて長い間，重要ならざるものとして扱われ，詰らない商品の利益のために押しのけられている。……征服された民族は絶望のあまり，どこででも，彼ら固有の芸術の真の実践をすてている。……それは征服者の劣った芸術や，芸術味などないものを真似ようとするためなのだ。……その作品が醜いものであろうが，なかろうが，とにかくそれを廉（やす）くしようと決心している。確かに廉（やす）いが，醜悪だ。……彼らの芸術は死滅したのだ。これを殺戮したのは現代文明の商業である。インドにおいて行われていることは多少とも東洋全般において行われている[15]。

モリスのキーワードは「芸術」である。しかしそれは身を飾るものではなく，労働の喜び，生きる力としての芸術であった。芸術は近代社会にあるのではなく，むしろ中世にあり，インドにあり，アイスランドにあった。周知のようにモリスはラファエル前派の絵画とくにロセッティを支援し，高名な詩人として叙事詩を書き続け，アイスランド・サガの翻訳者だった。同時にモリス商会の経営者であり，商品のデザイナーであり，職人のコーディネイターだった。布を染めるにあたっては染色の古代技術を研究し，植物性染料の配色に力をそそいだ。モリスのデザインした壁紙や布はインドを起源とす

図7（左） バーン゠ジョーンズ「機織りのデモンストレーションをするモリス」。リンダ・パリー『ウィリアム・モリス』より。
図8（右） モリス「スイカズラ」。万博ではインド部門に展示されたという。

るチンツ（更紗）の文様だった。ガンディーが糸紡ぎを始めたのとほぼ同じ年齢である45歳の時，モリスは寝室に機織り機を設置して実験に没頭したという。

　ここでもまた，布は反工業化，反産業革命を担うメディアであり，人の手に労働の全体性を取り戻す方法として選び取られた「もの」であった。同時に，インド更紗が拓いてきた，自然と人間との橋渡しをする生命樹や植物文様の膨大な世界を，モリスは近代デザインに受け渡した。ここには，かつて布が担っていた，「自然と人間」の間に存在するメディアとしての布の機能が残っている。モリスのデザインは衣類には使われなかったが，植物染料による絨毯やカーテンや家具用の布として，近代住宅の空間を植物で埋め尽くしたのである。モリス商会は大量生産の会社ではないが，中世的な方法で生産したわけでもない。機械も使えば分業もおこなった。モリスにとって重要

第1章　メディアとしての布　　15

なのは，芸術の基本に沿った職人の働き方であり，また中世やアジア世界のデザインを広めることで，粗悪な大量生産品を少しでも後退させることだったのである。

ガンディーは糸紡ぎで健康を取り戻したが，モリスにも同じようなことがあった。フィオナ・マッカーシーは興味深いことを書いてる。「手作業による反復のリズムは，生まれつきの落ち着きのなさと，とげとげしさを抑えることができるものとモリスは信じていた。実際，モリスは文字通り何かに触れているということを感じている必要があった」と[16]。工業化と大量生産・大量廃棄，それを支える社会のスピード，リズム，分断，労働，差別，搾取──ガンディーもモリスもそのただ中で生きていた。止められない工業化の進展に逆行する手仕事への情熱は，単に頭脳で考えられた企図ではなく，その不健康な身体の底からわき起こってくる「全体的人間」への渇望であったのではないか。そのとき身体は「もの」を求めていた。なぜならかつて「もの」は，人を自然界へとつなぎとめ，社会によって分断された個人の，全体性を取り戻してくれるメディアだったからである。

3　神々あるいは自然と人間を結ぶ

ガンディーやモリスなど近代の事例は，しかしあくまでも前近代的方法の意識的選択であり，いわば思想的に選び取られた模倣である。であるからそこには，もはや倣うことのできない事柄が横たわっていた。それは「共同体」である。メディアという視点から言えば，近代のガンディーやモリスは布を媒介にして社会に対し，また人間に対し，発信している。布を媒介にして人や人の労働の方法とコミュニケートしながら，それを変えようとした。しかし前近代の共同体は布を媒介にして人とコミュニケートしたのではなく，神とコミュニケートしたのである。あるいは，自然界とつながったのである。布は自然界からもたらされたものであり，自然界に帰ってゆくべきものであった。布は人を包んで神のもとへ送るための媒体であり，神に祈りの言葉を届ける媒体であった。近現代の「手仕事」が，奢侈と手を切るべきだと言いながら結局奢侈になり，ついには差異化するためのファッショアイテムに成

り下がってしまう理由はそこにある。神や自然（つまり人間を超える力）とつながる媒体の拠点としての共同体をもたない我々は，何を作っても人とつながることしかできず，人とつながるために貨幣を介在するしかないからである。手仕事は一秒一秒，金銭に換算されることになる。

　では，共同体を拠点とした布はどのように機能していた（いる）のだろうか。過去の事例と現在の事例を見てみよう。

神々の形を織り込む

　かつてペルーでは，少女をいけにえとして神々に捧げ，この世の安泰を祈った。そのことは発掘されたミイラによって検証されている。1995年，アンデスのアンパト山頂近くで，1440〜50年ごろに犠牲として埋葬された少女のミイラが，氷に閉ざされたまま発見された。布で何重にも被われ，同じ服装の人形がそばに置かれていたという。少女はフワニータと名付けられた。

　少女は頭蓋骨一打ちで死んでいた。この犠牲の習慣は，石や金属に刻まれ，布にも織り込まれている。この文化圏では神はジャガーやコンドルの形で表わされた。犠牲は首を切られたりジャガー神によって天上に運ばれたりするのだが，その過程は布にも表現されているのである。コンドルは神として，多くの布に織られている。ペルーの天野博物館には縞文様の布が保管されているが，この縞文様をたどってゆくと，布の端にコンドルがくちばしをのばしている。その縞は，長く伸び幾重にも折りたたまれたコンドルのくちばしそのものだったのである。

　布には神々の姿が織り込まれ，それをまとうことによって神々の世界とつながった。かつて布はシャーマンと同じ役割を果たし，人と神々との橋渡しをしていた。まさに語源としてのメディアそのものだったのである。コンドルのくちばしによって作られた縞文様は，幾何学文様の起源を示していて興味深い。文様（とくに幾何学文様や繰り返し文様）は名前を与えられたり説明されたりすることはあっても，その起源が語られることはめったにない。「ただの文様」としか思われないからだ。コンドルのくちばしが形成した縞文様は，幾何学文様すらその起源においては何らかの具体的な存在であり，その存在が人と天上界をつなぐメディアとしての機能を果たしていたことを

図9（左） 魚をついばむ鳥と，ジャガーを織り込んだチャンカイ文化の布。
図10（右） 猫の横顔と尻尾が抽象化された海岸ティアワナコ文化の布。

図11（左） 鳥を抽象化してインターロッキング文様にしたチャンカイ文化の布。
図12（右） スンバ島では精霊として力をもつ人間を腰機で織り込んでゆく。

示唆している。文様化されたコンドルやジャガーによって犠牲は天上に運ばれ，その返礼として，この世に平安がもたらされる，と考えられたのである。

今日でも似た事例がある。インドネシアのスンバ島は古くから絣（イカットもいう。括るという意味のマレー語で，糸束を括って文様に染める技法のこと）の生産地である。戦いの際に敵方の首を取って広場に並べると，それは絣の技法によって布に写された。王族や，亀，ワニ，馬，鶏，オウム，蛇，龍などの動物が絣で文様化され，これら精霊として力をもつ人間と動物たちが織り込まれた布は，あの世（神）とこの世をつなぐものとされた。婚姻や葬儀など人生の節目には必ず絣布が使われた。現在でも，婚約の時には所定の交渉儀礼に従って，馬一頭が絣布一枚と交換される。死者が出たとき死骸は幾重にも絣布に巻かれ，そのまま埋葬される。絣は死者の魂を包んであの世に送り出す重要な働きをするからである。

またインドネシアのバリ島の山間部にはトゥガナンという村があり，そこには絣の中でもっとも難しい経緯（たてよこ）絣で織られた「グリンシン」という木綿布がある。13世紀から同じ方法で作られており，この集落ではこの布が人間一生の節目に深くかかわっている。グリンシンはインドラ神が月の光と星のきらめきを天から地上へと降ろした布だとされ，神の具象的な形ではなく，星や，チャンパカ（ジャスミンの花）や，村の形とされる幾何学的文様に織られる。むろんすでに述べたように，幾何学文様には何らかの起源があるはずで，この場合は伝説が示しているごとく，インドラ神そのものだと考えていいだろう。この布は，スンチーの樹の皮で繰り返し染めた赤い糸と，ティンキ・ナッツで染めた黄色い糸と，タウンの葉で染めた藍色の糸三色の糸のみで織られる。それぞれの色がそれぞれの神をもっている。

人の死亡直後はグリンシンで性器が被われ，やがてグリンシンで全体が包まれる。埋葬されたあとは，グリンシンに包んだ木の枝が，死者を象徴する供えものになる。子供が産まれたとき，親たちが寺院に持って行く供え物はグリンシンに載せる。6歳で子供に初めて，母親の織ったグリンシンが贈られる。その儀式の時には子供の髪を切ってグリンシンの上に置き，神へ供える。日常の供えものは，ポレンと呼ばれる白黒格子（善悪明暗を表すバリの代表的な文様）の布の上にグリンシンを重ね，その上に置かれる。成人式の

図13（左）　星形のグリンシン。
図14（中）　グリンシンに包んだ木の枝。
図15（右）　ほこらの神とそれを包むポレン。

　歯削り儀式の際は枕にグリンシンを巻かねばならない。結婚式の時は，花嫁花婿はグリンシンをまとう。結婚の祝いの品もグリンシンの上に載せる。村の加入式や重要な祭にもグリンシンを着る。祭の時は，神のいます神輿をグリンシンですっぽり包みこむ。
　グリンシンはバリ島の中でもトゥガナンのみで織られる。その他のバリ島各地にも，ガルーダ，ナーガ（蛇），鳥，ヴィシュヌ神，カラカウ神などを織り込むエンデックという布や，そこに金銀の糸をまぜて織るソンケット，蓮の花や花唐草，鳳凰やその他の鳥を織り込む木綿のペラダ，使用する方角（東西南北）によって白黒赤青の色を変える縞木綿のブバリ，お守りや供え物に使う横縞のケリン，極めて呪術性が強いために呪術治療者や占い師がまとうチェプックなど，バリ島にはそれぞれ名称をつけられ，文様に様式をもった布が各種ある[17・18]。
　ラオス山岳部に暮らすモン族は，細密な蠟描きによる藍染めと，手のこんだ刺繍，そしてびっしりと細かく襞を寄せるプリーツの技法で知られている。これらの技術によって作られた布は商品として売られるのではない。刺繍の

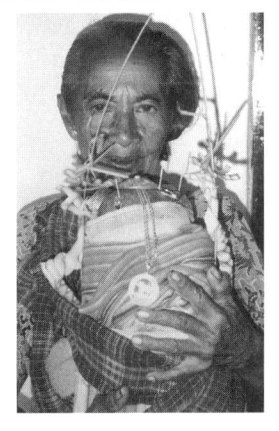

図16（上左）　様々な布で被われた歯削り儀式。
図17（上右）　グリンシンで被われたみこし。
図18（下）　子供を守るための供え物はブバリに包まれる。

技術は5歳ごろから，女性が当然身につけるべき技能であった。母親は娘が生まれると娘のために，すべての技能を使って，両手を伸ばした長さの4倍の長さの布に刺繍する。さらにそれに細かいプリーツを寄せてスカートにする。娘は自らも同様の3枚のスカートを仕上げる。母親から贈られたものと自分の作ったものとがそろうと，ようやく結婚することができるという。刺繍の出来具合がその嫁としての器量とされる。

　女性は糸と針を離さない。焼き畑に籾を蒔きにゆくときも，刺繍道具を持って歩く。村では軒下に女性たちが集まって刺繍をする。しかし個々の女性が刺す文様はそれぞれ異なっている。それはペルーやスンバのように神々の文様ではなく，山の中に日常的に存在している木や花やカタツムリやミミズや糸巻きや稲穂である。しかしその組み合わせの中に彼女たちは自らを刻印し，一目で誰が刺した布かわかるのである。

　高齢になると，死ぬとき身につける布を準備する。頭に巻く布，「ノンジ

図19（上）　モン族のプリーツスカート。
図20（下左）　モン族の死に装束。

ョン」と呼ばれる死に枕，そしてスカートである。嫁に行くとき母から贈られたスカートをはいて死ぬと，魂が故郷に戻り再び母に会えるという。また娘は母親のために，嫁は義父のためにノンジョンを作る。その数が多いほど死後は幸せになると言われる。子供から死装束をもらえないことは悲しむべきことなのだ。お金で買ったものではないので，親の死を期待しているという意味にはならない。手間のかかる（つまり自分の生きている時間を与える）作業によって，刺し手の心が布に移るからだ。生きる時間を移す，気持ちを託す——これがかつて，布のメディア性の重要な側面であった。

　ごく最近は別として，布は収入源なのではなく，共同体の存立基盤であった。モン族の場合は歴史上，さまざまな国家の中に吸収されたり追われたりしながら，放浪してきた。家族，親族，民族をつなげるのは布にほどこす刺繍であり，そこにこめられたメッセージだったのである。前章で私は，「労働は非常に少ない価値しかもっていないので，自分や他人を楽しませるためにそれを何時間，浪費しても文句はいわれなかった」という，中世の職人についてのモリスの言葉を挙げた。自分が納得できるまで心を込め「手間をかける」という行為は，そこに金銭が介在していないかぎりにおいて可能となる。布のメディア機能はその場合に，もっとも強力なものとなる。

　自然をまとう
　日本や韓国には，神々の姿を布に表現する考えがない。そのかわり，樹木や自然を描きあるいは織り込んだ。まず日本の着物は，長い間文様のない色無地で作られてきた。文様があったとしてもそれは紋織りのことで，その意味は問題にならなかった。平安貴族の着物は色に意味があり，文様には意味がないのである。たとえば平安時代には「襲色目（かさねのいろめ）」と呼ばれる衣類の色彩システムがあった。襲色目は，袷（あわせ）の表の色と裏の色を重ね合わせた時に出現する色の重なりをさす場合と，衣を何枚もずらしながら重ねた時に見える色の配列をさす場合とがある。襲色目の定型は平安時代末にはほぼできあがったが，その色の組み合わせは桜，若草，青柳，桃，つつじ，早蕨（さわらび），山吹，かえで，百合，苗，菖蒲，橘，なでしこ，すすき，おみなえし，萩，朝顔，紫苑，もみじなど，季節にかかわる

植物の名前で表現された。布の色はこの場合，四季の自然から写し取った自然界の色の，無限とも言える組み合わせであった。人がそれを身にまとうとき，自然を人の世界に取り入れることになる。こうして布は植物から染めた色彩によって，人と自然を結ぶメディアとしての役割を，果たしたのである[19]。

　日本の古典文学においては登場人物が，このような衣類の色彩で表現されることもあった。たとえば『源氏物語』では，女三宮が紅梅襲（表が紅，裏が紫味をおびた赤）に濃淡の紫の布を幾重にも重ね，さらにその上に桜襲（表が白，裏が紫あるいは二藍）をひきかけ，その上に髪が糸を縒りかけたように靡いて，実に美しかったと表現されている。襲色目を季節に合わせて見事に着こなすことは，その人物（男女に限らず）の器量であった。また軒端（のきば）という陽気な女性は胸もあらわに，白い羅の単襲に二藍（赤紫色）の小袿をおおざっぱに着こなし，袴には深紅の紐を結んでいた。対照的におとなしい夕顔は，白い袷に薄紫色のなよらかな衣を重ねた。元気な中将の君は，紫苑色（明るい青紫色）の，季節にぴったりの薄物の裳（スカート）をあざやかに引きながら歩く。平安時代ではこのように，文様による表現ではなく，衣類の色によって個性が表現されたのだった。

　日本は室町時代から文様の時代に入る。1479年には筑前国の資料に初めて木綿が日本で国内生産された記録が出現する[20]。16世紀中頃は銀生産と輸出が急増しているときで，日本はその豊富な銀のほとんどを，中国の生糸絹織物の購入に費やしていた。そして1576年ごろから，金銀襴，緞子，繻子，辻が花，薩摩がすりなどの制作が始まる。つまりは15世紀後半から17世紀前半が，日本における布輸入と技術輸入の時期にあたり，17世紀後半以降は国産期にあたる。17世紀以降の江戸時代は，職人たちがその技術の粋を尽くして，織り，刺繍，絞りを発展させていった。それらの技術によって出現するのが，世界中探してもほかには無い「風景の着物」であった。山中の川と水鳥と山桜，秋の庭に咲く花々，大地から伸びる桜，ぎっしりと埋め尽くされる竹林，雪景色，夏の琵琶湖，松原を通して見る帆船の行き交う海等々，着物は拡げると季節の風景が展開する一幅の絵画であった。現在の着物はもともと，一番下に着る無地の下着から発達したものだが，その到達

図21　風景の着物（左より，「山中の川と水鳥と山桜」，「秋の庭に咲く花々」，「ぎっしりと埋め尽くされる竹林」）。

点が江戸時代の風景の着物であり，その後の時代はそのヴァリエーションだと言ってよい。植物から抽出した色彩に自然を託していた人間は，風景の着物の出現によって具体的な自然を身にまとうようになる。布はどの文化圏でも，人と神々あるいは人と自然界とをつなげるメディアであった。自然は布によって人の世に顕われ，人は自然の力を身につけようとしたのである。日本ではそれが，自然風景のかたちをとって完成された。

　着物にはもちろん風景ではなく，植物が全体に散らされる文様も存在した。その中で世界中に見られるものが更紗である。更紗はインド起源で，織り上がった布に蠟や型紙や木型で文様を染める技法の名称である。が，もっとも特徴的な文様が花唐草であり，更紗と言えば花唐草を思い浮かべるくらい，それは世界中に普及した。ウィリアム・モリスのデザインはこの花唐草の更紗を基本にしているが，それは18世紀にインドから東は日本に，西はイギリスに，大きな影響を与えたからである。日本の着物にも更紗が入った。その中で注目すべきなのは，ひとつは「トゥンパル」と言われる鋸歯文様[17]で，もうひとつは「生命樹」の布[21]である。トゥンパルは須弥山だとも，植物が土を破って出てくる姿だとも言われる。もともとその内部に花唐草を入れて構成していることから，山と組み合わされる生命樹・世界樹と無縁ではな

第1章　メディアとしての布　　25

図22（上左）　生命樹を描いた着物。
図23（上中）　生命樹を描いたインドの敷物。
図24（上右）　布の端に使われたトゥンパル。
図25（下）　袖口に見られるトゥンパルの末裔。

く，やはり生命そのものの表現であったと思われる。

　生命樹は大地から伸びる樹木をモチーフにしたもので，そこに花，果実，動物，鳥，蝶，人間などが取り合わされる。エジプト，中東，インド，インドネシア，中国，朝鮮，日本に分布し，多くは布に表される。生命樹の布は日本では着物に，朝鮮では風呂敷に，インドでは壁掛けや敷物に使われた。そのヴァリエーションと思われるトゥンパルは，インド，インドネシア，日本の布の端に使われたもので，日本ではその末裔が，忠臣蔵や新撰組の衣装の袖口に見られる。

　布は生命の現れる場所であった。絹は桑を食んだ蚕の繭から引き出され，木綿は綿花から糸が紡がれる。麻は茎から，芭蕉布やしな布は幹から引き出され，多くの行程を経て糸になる。その糸は，藍や紅花や紫草や山桃や昆虫や貝から煮出された液で染められる。どの季節の何時ごろ採取し，どのくらいの量を何時間煮て，何回染めればどのような色になるか，多くの偶然が作用するので，同じ色は二度と出現しない。それを機織りにかけると，糸の柔らかさや張りは，その日の温度湿度によって違ってくる。人の身体の動きに

よっても，糸の張り具合や密度に違いが出てくる。このような，気の遠くなるほどの偶然の組み合わせによって，2枚とない布が仕上がるのだ。布を作ること自体が，生命の営みそのものなのである。

　文様とは，そのような生命の営みが形に託されたものであろう。パルメット，アカンサス，花や草や樹木や山，勾玉形の連続文様等々，布はありとあらゆる生命のかたちを織り出し染め出す。布は長い間，人間と自然とを媒介するメディアだった。

おわりに——ポータブル・メディアとしての布

　ラオス領内にいたモン族は，1960年代からのラオス内戦のあおりを受けた。1975年，長い内戦の末にラオス人民共和国が成立すると，多くの人々がメコンを渡ってタイに逃亡した。そのなかにモン族もいた。タイの難民キャンプに収容されたモン族の女性たちは，腕に覚えのある刺繡で壁掛けやテーブルクロスを作って現金化し，家族を養った。タイの難民キャンプで，男たちは謄写版を使って刺繡のモチーフを作った。そこには，二本の竹で脇を支えながらメコン川を渡るモン族自身の姿や，爆撃する飛行機やヘリコプター，銃をつきつける兵士たち，そして洞穴に隠れて子供を産む女性の姿が描かれたのである。それだけではなく，ラオスの山中にいたころの，耕作，家畜の世話，機織り，粉挽き，脱穀，とうもろこしとその収穫風景もまた，描かれた。それらは女性によって刺繡され，残された。現在，ラオスのモン族はタイの難民キャンプを離れてラオス領内に帰っている。そして子供たちが生まれると，それらを見せて自分たちのおこなってきた労働の姿を伝え，戦争体験を語っている。

　布は軽く，かさばらず，持ち運びができるメディアである。文字を知らない民族にとっては記録の道具であり，同時にまとうもの，かけるもの，敷くもの，包むもの，飾るものとしても使える。なるほど謄写版で数枚印刷しておけば，複数の人が同じモチーフを刺すことができ，同じモチーフで刺した布は，お金に困れば売ることもできる。映画やビデオやネットや書籍のようなメディアをもつことのできない社会的弱者であっても，布は子孫に伝えた

り移動したり人に渡したりするポータブルなメディアとして，現在でもこうして使われているのである。

　江戸時代では，重要な情報や時には金銭が，着物の襟の中に隠された。風呂敷，手拭い，札入れ，紙入れ，たばこ入れ，巾着など，布はいくらでも小さくなり，さまざまな情報がそこに託された。着物の着方の違いで，町人は武家に化け，武家は町人や農民になりすまして歩くことができたのは，そこに着物が「着こなし方による職業の違い」という記号を潜ませていたからである。布は歴史的過去においてももちろん，さまざまな意味を発信し続けるポータブルなメディアであった。

　戒厳令下のチリでは多くの人が連れ去られ，行方不明になった。そのとき人々がキルトを縫って，それを商品として海外に持ち出してもらうことにより，国内の惨状を知らせることができたという。布は生活必需品であって，決して芸術品ではない。しかし実用的必需品という意味だけでなく，メディアとしての必需品であった。布は，かつては共同体のメディアであったが，今は，弱者のメディアなのである。

　この論では，布のコミュニケーション機能についての一端を書いた。しかし紙数の関係で，以下のことはここに書けなかった。

① 　糸や布によって，中国，インド，東南アジアから江戸時代の日本へもたらされた技術や情報について，という「交易」の側面。
② 　同様に，アジア全体がかつて共有した技術や情報，という側面。
③ 　綿花栽培や養蚕という，自然の家畜化の歴史。
④ 　多様な着物の世界に見られる記号的側面。
⑤ 　柳宗悦と民芸運動から見える手仕事の矛盾。
⑥ 　布が姿を変えながら消費され，最後は再び畑に戻ってゆく循環の側面。
⑦ 　日本文学に見える膨大な布表現。

　「メディアとしての布」というテーマは，このように，歴史的にも社会学的にも文学的にも，多くの課題をその中にもっている。

注

1) M. マクルーハン『グーテンベルクの銀河系』森常治訳，みすず書房，1986 年，167 頁。
2) M. K. ガーンディー『ガーンディー自叙伝 2』田中敏雄訳，平凡社（東洋文庫），2000 年，90 頁。
3) マハトマ・ガンディー『わたしの非暴力 2』森本達雄訳，みすず書房，1997 年，234 頁。
4) M. K. ガーンディー『ガーンディー自叙伝 2』田中敏雄訳，平凡社（東洋文庫），2000 年，388 頁。
5) 前掲書，389 頁。
6) 前掲書，393 頁。
7) マハトマ・ガンディー『わたしの非暴力 1』森本達雄訳，みすず書房，1997 年，158 頁。
8) ソースタイン・ヴェブレン『有閑階級の理論』小原敬士訳，岩波文庫，1961 年。
9) 『メイプル』集英社，1998 年 12 月号。
10) ウィリアム・モリス「民衆の芸術」(『民衆の芸術』中橋一夫訳，岩波文庫，1879 年) 25 頁。
11) 前掲書，27 頁。
12) 前掲書，30 頁。
13) ウィリアム・モリス「芸術の目的」，『民衆の芸術』中橋一夫訳，岩波文庫，1879 年，53 頁。
14) ウィリアム・モリス「芸術と社会主義」(『民衆の芸術』中橋一夫訳，岩波文庫，1879 年) 69-70 頁。
15) ウィリアム・モリス「民衆の芸術」(『民衆の芸術』中橋一夫訳，岩波文庫，1879 年) 17-19 頁。
16) リンダ・パリー編『ウィリアム・モリス決定版』河出書房新社，1998 年。
17) 田中優子「文様漂流」(『IS』77 〜 80 号，1997 〜 1998 年) に詳しい。
18) "Balinese Textiles" Brigitta Hauser-Schaublin, Marie-Louise Nabholz-Kartaschoff, Urs Ramseyer（British Museum Press, 1991）.
19) 田中優子「日本の色」(『禅の風』曹洞宗宗務庁，17 〜 27 号，1998 〜 2003 年) に詳しい。
20) 永原慶二『苧麻・絹・木綿の社会史』吉川弘文館，2004 年，230 頁。
21) 田中優子制作 http://lian.webup.co.jp/tanaka/textile/seimei/index.htm

図版リスト
図 1, 2 『世界の名著・ガンジー　ネール』（中央公論社）より。
図 3 　菱川師胤「中村竹三郎」千葉市美術館蔵。
図 4 　歌川国貞「誂織当世島・吊り舟」静嘉堂文庫蔵。
図 5 　江戸時代の古渡り唐桟見本帳。
図 6 　注 9 の目次より。

図7, 8　注16の文献より。
図9～11　前山寿美子著『プレ・インカの織物文様』グラフィック社，1976より。
図12　"Traditional Indonesian Textiles" John Gillow, Barry Dawson (Thames and Hudson, 1995) より。
図13～18　注18の文献より。
図19, 20　"People of Golden Triangle" Paul and Elaine Lewis (Thames and Hudson, 1984) より。
図21　文化学園服飾博物館蔵。
図22　カネボウ繊維コレクション。
図23　京都・今昔西村蔵。
図24　北尾重政「東西南北の美人・東方の美人・仲町」部分，東京国立博物館蔵。
図25　歌川国芳「誠忠義士肖像　中村勘助正辰」部分，山口県立萩美術館・浦上記念館蔵。

参考文献

M. K. ガーンディー『ガーンディー自叙伝1, 2』田中敏雄訳，平凡社（東洋文庫），2000年。
マハトマ・ガンディー『わたしの非暴力1, 2』森本達雄訳，みすず書房，1997年。
ソースタイン・ヴェブレン『有閑階級の理論』小原敬士訳，岩波文庫，1961年。
ウィリアム・モリス『民衆の芸術』中橋一夫訳，岩波文庫，1979年。
リンダ・パリー編『ウィリアム・モリス決定版』多田稔監訳，河出書房新社，1989年。
ポール・トムスン『ウィリアム・モリスの全仕事』白石和也訳，岩崎美術社，1994年。
小野二郎『ウィリアム・モリス――ラディカル・デザインの思想』中公文庫，1992年。
アンソニー・リード『大航海時代の東南アジアⅠ・Ⅱ』平野秀秋・田中優子訳，法政大学出版局，2002年。
永原慶二『苧麻・絹・木綿の社会史』吉川弘文館，2004年。
堀切辰一『布のいのち』新日本新書，2004年。
福井貞子『野良着』法政大学出版局，2000年。
田中優子制作　http://lian.webup.co.jp/tanaka/textile

第2章　客観報道における「客観」とは何か

　　　　　　　　　　　　　　　　　　　　　　　　　　藤田　真文

1　報道における客観‐主観の二項対立

共通理解としての客観報道

　この章では，ジャーナリズムの議論でしばしば登場してくる「客観報道」という概念を検討する。特に，「客観報道」における「客観」とは何を意味しているのかを根本的に考えてみたい。「客観」の意味を考えるために，デカルト，ロック，カント，ポパーの認識論の中で，「客観」と「主観」がどのように位置づけられたかを駆け足でたどる。400年を一気に論じる多少無謀ともいえる思想的冒険を試みる。

　「客観報道」概念そのものの検討が本章の課題なのだから，今の段階で，「客観報道」とはこういうものだと断言することはできない。だが，「客観報道」について，おおまかな了解がなければ議論は始まらない。ここでは，ジャーナリズムを議論する時に，「客観報道」という言葉がどのように使われているかを整理してみたい。

　筆者はかつて，新聞記事などニュース・テクストにおける「客観性」を次のように整理した[*1]。

　　ニュース・テクストの「客観性」
　　①（報道する）事実をまげずに描写・叙述すること［事実性原則］
　　②（報道する者の）意見を含まないこと［没論評原則］

　原寿雄の「客観報道」定義を見てみよう。

客観報道とは，ニュースの報道にジャーナリストの主観，意見を入れないことを言う。オピニオンを展開する言論活動と事実の報道とをはっきりと分け，事実報道はできるだけ客観的に観察分析し，できるだけ客観的に描写，伝達することで真実に迫ることができるという考え方である[*2]。

　ここには，「ニュースの報道にジャーナリストの主観，意見を入れないこと」＝［没論評原則］と，「事実報道はできるだけ客観的に観察分析し，できるだけ客観的に描写，伝達すること」＝［事実性原則］の二つの原則が盛り込まれている[1)]。

　マス・メディアを規制する法律や，ジャーナリスト自らが遵守すべきと定めた倫理規定などの中でも，［事実性原則］と［没論評原則］が登場する。例えば，日本の放送法では「第三条の二」で，「三　報道は事実をまげないですること」と［事実性原則］を定めている。また，日本民間放送連盟と日本放送協会が定めた「放送倫理基本綱領」では，「報道は，事実を客観的かつ正確，公平に伝え，真実に迫るために最善の努力を傾けなければならない」と［事実性原則］に言及している。日本新聞協会の「新聞倫理綱領」では，「正確と公正　新聞は歴史の記録者であり，記者の任務は真実の追究である。報道は正確かつ公正でなければならず，記者個人の立場や信条に左右されてはならない。論評は世におもねらず，所信を貫くべきである」と［事実性原則］と［没論評原則］の両方を守るべきだとしている。

　このような法律や倫理綱領を見る限り，［事実性原則］と［没論評原則］は，ジャーナリストの間では広く共有された原則であるといえる。ここで確認しておきたいのは，これらの法律や倫理綱領では，「客観的」であることが「善いこと」と肯定されている点である。それに対立し否定されているのが，「新聞倫理綱領」に見られる「記者個人の立場や信条に左右され」た報道である。

客観報道に対する擁護と批判

　では，ジャーナリストは，「客観報道」原則をどのように考えているので

あろうか[*3]。

大正時代に出版され日本の新聞論のさきがけと言える杉村楚人冠の『最近新聞紙学』でも、「文芸上の作品は、専ら作家の個性の表現で、主として主観を材料としたものであるが、新聞紙の記事に至っては、客観の何物かを伝うるを必要とする」と述べられている[*4]。作家の主観によって制作される小説などとは違い、「客観の報道」が新聞記事の必須条件であるとする。

先に引用した原寿雄（元共同通信社）は、「生き生きとした客観報道」を提案する。「ジャーナリスト一人一人の意見や感情を鮮明にした主観的報道が横行するなら、その危険性のほうがずっと大きい。（中略）できるだけ事実を客観的に追及する実証主義に徹すれば、今批判されている客観報道の弊害も限界も、大方消え去るに違いない[*5]」とし、客観報道の姿勢を堅持すべきだとする。

このような客観報道の擁護論に対し、ジャーナリストの中でも本多勝一（元朝日新聞）は、主観に基づかない報道は無意味あるいは不可能だと「客観報道」原則を批判する。本多勝一は、『事実とは何か』の中で次のように述べている。

> いわゆる事実というものは存在しないということです。真の事実とは主観のことなのだ。主観的事実こそ本当の事実である。客観的事実などというものは、仮にあったとしても無意味な存在であります[*6]。

そして本多は、主観に基づかない報道が不可能な理由として、取材や記事作成に「選択」という過程がともなうことをあげる。記者は、無限の事実の中から報道すべき事実を選択する。この選択によってもはや、客観的であることは不可能だというのである[*7]。

客観報道を擁護する原も、選択の主観性を無視しているわけではない。原は、報道対象の選択、報道視点の選択、表現の選択、紙面整理・番組編成の選択という四つの過程で、担当者の価値観がおのずから反映してしまう。つまり、どんなに客観的な報道を心がけても、主観的なオピニオンが含まれることは避けられないことは認めている[*8]。「客観的な報道を心がけても、主

観的なオピニオンが含まれることは避けられない」としたら，先に原が批判した「ジャーナリスト一人一人の意見や感情を鮮明にした主観的報道」を回避する方法はあるのだろうか。原は次のように述べる。

> 歴史的なパースペクティブに立って常に自己の主観をみがき，表層的な事象に惑わされず真実に迫ろうという姿勢で，できるだけ事実を客観的に追及する実証主義に徹すれば，いま批判されている客観報道主義の弊害も限界も，大方消えるに違いない。(中略) 行動のバネとしての正義感や衝動やエモーションを，一度，理性に昇華させた次元のクールな客観報道でないと，歴史の歳月に耐えうる有意義な報道は望みえない[*9]。

「できるだけ事実を客観的に追及する実証主義」「正義感や衝動やエモーションを，一度，理性に昇華させた次元のクールな客観報道」をいかにして実現するかについて，これ以上の言及はなく，原の提起は抽象的な精神論にとどまっている。

一方，「客観的事実などというものは，仮にあったとしても無意味な存在であります」とした本多は，自説と矛盾する主張を『事実とは何か』に所収された「事実と説得力の関係」というコラムで述べている。

> ゴーリキーの『母』でも，小林多喜二の『蟹工船』でも思いうかべてみるとき，これらが感動的だったのは，ルポでいえば事実に当るところの書き方や構成が優れているからであって，もしあの中に階級だの搾取だのについての解説・分析・究明が盛り込まれたら，大きなマイナスになったでしょう[*10]。

これは『赤旗』紙上において本多のルポが「事実のもっている階級的，民族的，人種的な意義についての探索が行われていない」と批判されたことに対し，同じ『赤旗』紙上で反論したものである。本多は，「階級的，民族的，人種的な意義についての探索」を前面に出すことで，ルポルタージュの説得力がそがれてしまうとするのである。

循環する客観－主観の二項対立

　ここまで検討してみると客観報道を擁護する論者も批判する論者も，循環論（堂々めぐり）に陥っているとは言えまいか。客観報道を擁護する原は，取材や記事制作の過程で「ジャーナリズムは主観的判断の選択を免れない」ことを認める。一方，「主観的事実こそ本当の事実である。客観的事実などというものは無意味だ」とした本多は，事実をもとに語ることが重要だと主張する。

　ここで注意したいのは，客観報道の擁護論も批判論も共通して，ジャーナリズムのあり方を「客観－主観の二項対立」で論じている点である。そもそも「客観報道」という問いの立て方そのものに，客観－主観の二項対立が必然的に含まれていたのではないだろうか。客観報道の擁護論も批判論も，どうして「客観」と「主観」という概念で，ジャーナリズムを語らなければならなかったのだろうか。例えば，原の議論の中で「事実を客観的に追及する実証主義」と「正義感や衝動やエモーション」が対立するものと見なされていたのはなぜか。本章は次に，この問題を追究したいのである。客観－主観の二項対立がどのように成立したのか，思想史的に概観してみたい。

　ただその前に，原や本多の主張の中に，おそらく本人たちは気づかず無意識に，客観－主観の二項対立ではくくれない要素がまぎれこんでいることを指摘しておきたい。それは，これまで引用した原の主張であれば，「歴史的なパースペクティブに立って常に自己の主観をみがき」としている箇所である。同様と思われることを，本多は次のように述べている。

　　主観的選択は，より大きな主観を出すために，せまい主観を越えてなされるべきであります。（中略）新聞記者は，支配される側に立つ主観的事実をえぐり出すこと，極論すれば，ほとんどそれのみが使命だといえるかもしれません[11]。

「せまい主観」とそれを越えた「より大きな主観」は，どのように違うのか。同じ「主観」という言葉を使っている表現している限りその違いは，鮮明に見えてこないのではないだろうか。

2 客観 - 主観図式の成立と変化

デカルトの物 - 心二元論

　客観 - 主観図式の成立についての検討は，デカルトから始めてよいであろう。フッサールは，『ヨーロッパ諸学の危機と超越論的現象学』の中で，「デカルトは客観主義的合理主義という近代的理念の創建者である」とした[*12]。

　デカルトが創建した客観主義的合理主義とは，どのようなものか。デカルトは，何かを考える際に「私の信念のなかにまったく疑いえない何かが残るかどうか」を見きわめようとした。自分の思考をそこから始めることができる，これ以上疑うことのできない基盤を探求したのである。その結果，デカルトは「われ思う，故にわれ在り」という有名な真理に到達する。デカルトは，真実を見極めるためにすべてのものの存在を疑ったとしても，何かを疑っている時につねに「疑っているわたしがいる」という事実は否定できないというのである[*13]。

　そして，デカルトは，この「考えるわたし」は自分の身体から区別し切り離すことができるという。「正しい順序で哲学しなかった人々が，別の（まちがった）見方をした理由は，ほかでもない彼らが，精神を物体［身体］から充分正確に区別しなかったからである[*14]」（丸括弧内引用者）。

　デカルトは，物体から完全に区別できる「精神」と，逆に精神から完全に区別できる「身体」（身体も物体の一部である）が存在するというのである。

> 　わたしは事物の最高類としては，次の二つ以上を認めない，一つは知的もしくは思惟的事物の類，すなわち精神もしくは思惟的実体に属するものの類であり，他は物質的事物，もしくは延長的実体即ち物体に属するものの類である。知，意欲およびいっさいの知的ならびに意志的様態は思惟的実体に属し，延長実体には大きさ，即ち長さと幅と深さある延長・形・運動・位置・諸部分の過分性などが属する[*15]。

　デカルトからすれば，何かを考える「精神」と長さや形などを持つ「物体」があることだけが唯一確かなことである。デカルトの「物 - 心二元論」

が，こうして成立する[2]）。

　デカルトの「物－心二元論」の妥当性を詳しく議論することは，本章の目的ではない。「客観報道」における「客観」の意味を考えるという本章の課題にとって，次に見なければならないのは，デカルトが「不確かなもの」として，自分の哲学の基盤から排除したものは何かということである。というのも，排除したものを探ることによって，デカルトが「客観」の対極にあるものをどのように考ええていたかがわかるからである。

　デカルトが自分の哲学の基盤から排除したものは，第一に身体と感覚であった。先に述べたように，デカルトは「精神を物体［身体］から充分正確に区別しなかった」ことが，正しい認識にたどり着けない誤りの原因だとした。身体と精神が結びついているのは，人間の発達段階ではまだ精神が幼年期の状態だという。デカルトはいう。「即ち，幼年期にはわれわれの精神は，身体と密に結合していたので，身体を刺激するものを感覚する思惟［心的現象］だけを受け入れ，他の思惟を受け入れる余地がなかった[*16]」。

　とすると，自分の感覚でとらえられないものは考えることができないことになる。それは，風や空気の冷たさや熱を経験しない限り，空気は無であるというに等しいとデカルトは批判する。

　さらにデカルトは，一見すると事物の「客観的」性質と考えられるものの中にも，われわれが感覚でとらえたにすぎないものが含まれているとする。デカルトからすれば，味・香り・熱・色などは人間の感覚を通してのみ認識することができるのだから不確実なものである[*17]。味・香り・熱・色などは，人間の感覚の中だけに成立するもので，それ自体の自立性を持たない。それに対して，大きさ・形・運動・位置などは，人間の感覚に関係なく「客観的に」存在する実体なのである。

　何かを考える「精神」と長さや形などを持つ「物体」に属さないから不確実なものだ，とデカルトが排除したのは以下の「欲求」「感情」と「感覚」であった。

　　　飢え・渇きなどの欲求，同じく心情の動き（commotions）すなわち感
　　情，それらは怒り・喜び・悲しみ・愛への動き等のごとく，単に思惟だ

けのうちに成り立つものではない，また最後に苦痛・くすぐり・光および色・音・香り・味・熱・堅さその他の触覚的性質の感覚のごとき一切の感覚である*[18]（ルビ引用者）。

　第二にデカルトが，自分と哲学の基盤にできない「不確かなもの」としたのは，欲する・拒む・肯定する・否定する・疑うなどの「意志の働き」である。

　　我々が何かを認識する場合，それについて何も肯定しもしくは否定することさえしなければ，我々は間違いをしないことは明らかである。（中略）或ることを正しく認識しないにも拘らず，（よくやるように）それについて判断する場合にのみ，間違いが起こるのである*[19]。

　ここで，デカルトが，何かについて「判断する」ということは何かについての「認識」に依存しているとしたこと。そして何より，肯定・否定などの判断をまじえずに，認識することができる。それが正しい認識だとしたことは注目される。
　デカルト自身は，今日のような意味で「客観」「主観」という言葉を使っているわけではない[3]。だが，デカルトが不確かなものとして考察から排除した身体感覚，欲求と感情，さらに意志の働きは，今日でいう「主観」と見なしてよいであろう。デカルトの世界は，何かを考える「精神」と長さや形などを持つ「物体」の二項から成り立っている。
　デカルトの世界は，ニュース・テクストの「客観性」原則，つまり，［事実性原則］と［没論評原則］に非常に近似していることが容易に見て取れる。ここで特に重要なのは，第一に，デカルトが，身体感覚，欲求，感情，意志，判断など，思考を誤らせるものを取り去れば，だれでも明晰・判明な知にたどり着けるとした点。第二に，人間の思惟や身体感覚からは自立した形で，「物体」の世界が有るとした点である。

デカルト以後の「客観」と「主観」——ロックとカント

デカルトの物‐心二元論以後の展開を詳しく述べて行く余地は，あまりない。ここでは，ロックとカントだけに簡単に言及する。

ジョン・ロックは，『人間知性論』において，身体感覚を不確かなものとしたデカルトを批判した。ロックは，「心は，言ってみれば文字をまったく欠いた白紙だ」という有名な前提を述べた後，外的対象（external objects）について人々が考えることができるのは，感覚（sensation）によって観念（idea）が形成されるからだとする[20]。

ロックは同時に，「知覚や考えることや疑うことや信ずることや推理することや知ることや意志すること」など，「私たち自身の心のいっさいの様々な働き」も知覚することができるとした。これが観念の第二の源泉で，「内省」と呼んだ[21]。この内省も，デカルトは不確かなものとして自らの考察対象とはしなかった。

ニュース・テクストの「客観性」原則を検討するさいに，ロックの『人間知性論』の中で参照したいことは，二つある。第一に，「どこから心は理知的推理と知識のすべての材料をわがものにするか。これ対して，私は一語で経験からと答える」と述べているように，ロックは私たちの思考は生まれながらにそなわっているものではなく，感覚や内省がもたらす「経験」によって形成されるとするのである。特に，ロックは，「観察」による経験の蓄積を強調する[22]。

第二に，ロックが，感覚や内省によって心に観念を形成しないものは，考察できないとしている点である。ロックは，「私たちの身体のある部分による運動がこの対象から脳，いいかえれば感覚の座まで，私たちの神経ないし動物精気によって続けられ（伝えられ），この脳いいかえれば感覚の座で，それらの本源的性質について私たちのもつ特定の観念を心に生むのでなければならない[23]」とする（括弧内引用者）。

この点について，ロックはあまり論を展開していないので，無意識に書き付けたものかもしれない。ロックによれば人間が思考の対象とするのは感覚そのものではなく，感覚を通じて心に形成された観念なのである。

ロックは，事物の性質がある単独の感覚を刺激して心に作り出されるもの

を「単純観念」と呼んだ。例えば，ゆりの花の色が視覚を刺激し「(ゆりの）白さ」という観念を作りだす*24。単純観念では，「事物 - 感覚 - 思考」という関係が成り立つ。感覚がデカルト的な「もの - 心」の二元論の仲立ちとなっているのである。

　さらに，ロックは「単純観念」を複合したものを「複雑観念」と呼ぶ。例えば，「ゆりの美しさ」は，「見る者に心地よさを生むような，色と形のある構成からなる*25」。人間はこの「複雑観念」によって思考する時には，もう事物と感覚を必要としない。「心は自分自身の力能によって，そのもつ観念を寄せ集めて，そのように合一しては一度も受け取ったことのない新しい複雑観念を作れるのである*26」。

　ロックは，「複雑観念」を用いた思考が，心の中だけで行うことができるとしたのである。田中義久は，このような「単純観念」と「複雑観念」の区別の意味を，以下のように述べている。

　　すでに《事物》を通じて《自然法則》の方から作用する（単純観念の）存在論的なヴェクトルではなくて，《感覚 - 知覚》から《理性的（合理的）推論》へと「上向」して行く（複雑観念の）人間知性の内部のヴェクトルの方へと指向させられているのである*27（丸括弧内引用者）。

　ロックは，感覚による事物の把握を前提としながらも，そこから自立した観念の世界を認めたことになる。このような事物 - 感覚から観念が出来あがるという観点は，カントが『純粋理性批判』で述べた考え方につながるのではないだろうか。カントは，「(考察の）対象が我々に与えられるということは，少なくとも我々人間にとっては，対象が或る仕方で心意識（Gemüt）を触発（affizieren）することによってのみ可能である。我々が対象から触発される仕方によって表象を受けとる能力（Rezeptivität 感受性）を感性（Sinnlichkeit）という*28」と述べている。

　カントも対象を認識するためには，感覚が必要だとするのである。ただしロックは感覚によって形成された「単純観念」を複合することで，思考の対象になる「複雑観念」が出来上がるとしていた。ロックとは違って，カント

は感覚による経験の蓄積だけでは認識のすべてを説明できないとする。「経験にかかわりのない認識、それどころか一切の感覚的印象にすらかかわりのないような認識」を、カントは「純粋認識」と呼ぶ[*29]。カントは、感覚によって「対象の存在を認知すること」と対象を「考えること」を区別する。

> 対象は悟性（Verstand）によって考えられる、そして悟性から概念（Begriff）が生じるのである。（中略）現象の多様な内容を或る関係において整理するところのものは、現象の形式（Form）と呼ばれる。（中略）現象の形式は、感覚を受けいれるものとして、すでに我々の心の内にア・プリオリに具わっていなければならない、従ってまたこの形式は、一切の感覚から分離して考察されなければならない[*30]。

カントが「純粋認識」の事例としてあげるのは、数学や自然科学（物理学）である。「数学は我々が経験にかかわりなくア・プリオリな認識をどこまで進め得るか、ということの立派な実例を示すものである[*31]」。カントによれば、「七に五を加えると十二になる（$7+5=12$）」「直線は二点間で最短である」などの数学的命題は、感覚による経験から切り離されている。「物体界の一切の変化において物質の量は常に不変である」などの物理学の命題も同じであるとする[*32]。

一見したところカントの主張は、対象の大きさ・形・運動・位置などは、人間の感覚に関係なく「客観的に」存在する実体だとしたデカルトの主張に似ているように思える。だが、カントがデカルトと異なるのは、悟性によって生み出された概念（カテゴリー）がなければ、純粋認識は成立しないといっている点である。カントによれば、私たちは「対象自体」、ものそれ自体を知ることはできない。私たちが考察の対象にできるのは、感覚によって対象に関係する経験的直観が与えてくれる「現象（Ersheinung）」だけである。その現象を概念（カテゴリー）でとらえることによって、思考が可能になるのだ[*33]。

カントは、感覚が考察すべき対象を与えてくれない限り、悟性による思考は空虚だ、そして逆に、悟性によって与えられた概念がなければ対象を認識

することができないとする。「我々にあっては，悟性と感性が結合してのみ対象を規定し得るのである」。そして，感性と悟性によってとらえられないものは，「我々にとっては遂に知られざるもので」ある[*34]。

カントの主張は，デカルトがもたらした客観－主観の二項対立とは，違った認識論を提供してくれるように思う。私たちが世界を知るためには，対象をとらえるための概念（カテゴリー）が必要だ。概念を通じてしか，その範囲でしか世界を知り得ない。カントは，客観＝物自体と主観＝認識の間に，概念（カテゴリー）というもう一つ別の次元を設定したようにも思える。このようなカントの主張は，感覚から思考の対象となる「観念」が形成されるとしたロックの主張に近づいてくる。

だが，一方でカントは，現象を整理する概念（カテゴリー）は，「すでに我々の心の内にア・プリオリに具わっていなければならない」とする。さらに，カントは，経験的認識が「我々自身の認識能力［悟性］」が「自分自身のうちから取り出したところのもの［悟性概念］が付け加わってできた合成物」だなどという時，概念は，すでに私たち自身＝主観の中に備わっている，埋め込まれ（ビルト・イン）ていると言っているようでもある。この場合には，やはり客観－主観の二つが存在するという，二項対立は残されている。

3　客観－主観の二項対立を超えて

ポパーの三世界論

次に，非常に駆け足であるが，客観－主観の二項対立以外の観点を持つことはどのように可能なのかを考えて行きたい。ここでは，カール・R. ポパーの「三世界論」を検討してみたい。ポパーは，三つの世界または宇宙を区別できるとする[*35]。

「世界1」……ふつうに物理の世界と呼ばれている世界。岩石や樹木や物理的力の場といった世界のことである。科学や生物の世界も含まれる。
「世界2」……心理にかかわる世界。感情・成功・深層心理を含めた，あらゆる種類の主観的な経験の世界。

「世界3」……人間精神の産物の世界。芸術作品，倫理的価値，社会的諸制度を含む（ポパーは，特に書物，科学的問題，理論に議論を絞っている）。

　ポパーの「世界1」と「世界2」が，物‐心二元論に対応していることは明確であろう。「世界1」が存在することは，原石を激しく蹴飛ばせば足に反発が返ってくることで受け入れることができる。「世界2」の存在は，考える（デカルト）または感じる（ロック）「私がいる」ということで肯定できる。
　では，「世界3」が他の二つから独立して存在することは，いかに証明できるのか。ポパーは，次のような思考実験を試みる[*36]。

　実験(1)。われわれのあらゆる機械と道具が破壊され，また機械や道具とそれらの使い方についてのわれわれの主観的知識を含めて一切のわれわれの主観的学識が破壊される。しかし諸々の蔵書とそれから学習するわれわれの能力は生き残る。明らかに，多くの被害ののちに，われわれの世界は再びまた運転を開始できる。
　実験(2)。前と同じように，機械と道具が破壊され，また機械や道具とそれらの使い方についてのわれわれの主観的知識を含めて一切のわれわれの主観的学識が破壊される。しかしこのたびは，すべての蔵書も破壊される。したがって書物から学習するわれわれの能力は役に立たなくなる。（中略）第二のケースにおいては，数千年のあいだわれわれの文明の再現は決してないであろう（後略）。

　つまり，機械や道具の「世界1」と機械や道具についての主観的学識である「世界2」が完全に破壊されたのち，蔵書という「世界3」が残存しているかどうかによって，破壊のあとの展開がまったく異なるのである。「世界3」は，他の二つの世界から自律して実在している。ポパーはまた，「世界3」の実在は，それが「世界2」をとおして「世界1」に影響を与えることからも理解できるとする[*37]。「原子爆弾製造計画」という「世界3」の存在が，

第2章　客観報道における「客観」とは何か　　43

物理科学者の「世界2」＝主観の中で思考され，「世界1」＝客観での核分裂を引き起こす。

ところで，人間精神の産物の世界である「世界3」は，例えばある科学者の主観的思考である「世界2」によって生み出されたとしても，「世界2」に従属しているわけではない。例えば，ゴルドバッハという数学者が主観的に推測した「6以上の偶数は2個の素数の和で表わされ，9以上の奇数は3個の素数の和で表わされる」という予想は，ゴルドバッハという数学者の死後150年以上たって他の数学者によって証明された。ゴルドバッハの予想は，数学者本人の「世界2」がなくても（ゴルドバッハが死去しても），「世界3」の命題として継承されたのである[*38]。

「世界3」の問題・理論・議論は，一人の科学者の主観を離れた「客観的意味における知識または思考」であり，ポパーはそれを「認識主体なき知識」と呼んだ[*39]。ポパーによれば，「第三世界（「世界3」）は人工的なものであり，また非常に明瞭な意味において同時に超人間的なものだと認めることができる。第三世界（「世界3」）はその作者たちを超越している[*40]」のである。

ポパーの「世界3」の提起をもとに見てみると，デカルトの誤りは，「三角形の角の和は二直角に等しい」という客観的知識が岩石や樹木と同じように「世界1」に属すると考えたことによる。「世界3」は，「世界1」に還元できない自律的な秩序を持っている。例えば，「素数」は明らかに人間の思考の産物であり，それが「ゴルドバッハの予想」という新しい予期しなかった問題を生み，また新しい反証を生み出すというように[*41]。

デカルトが，「三角形の角の和は二直角に等しい」という客観的知識が「世界1」に属すると考えたのは，ユークリッド幾何学の「世界3」が長い歴史を経て不変だったからである。ユークリッド幾何学の前提が「三角形の角の和は二直角に等しい」という命題を成り立たせていることが，デカルトの「世界2」＝主観にまったく意識されていなかったのである。もし，ユークリッド幾何学という「世界3」の書き換えをデカルトが体験していれば，デカルトの「世界2」はまったく違った世界像を持ちえたであろう。

ポパーは，自然科学の問題・理論だけではなく，『ハムレット』のような

演劇やシューベルトの「未完成」のような交響曲もまた「世界3」に属するとその範囲の広さを認めている[*42]。実はポパーの「三世界論」は, 人文科学, そして社会科学の様々な理論と響き合う部分がある。

例えば, 社会学の「間(相互)主観性」, つまり社会の中に個々人の主観を越え複数の人々に共有された意味があるという考え方と, ポパーの「世界3」の類似性を考えてみよう。あるいは, ポパーの「認識主体なき知識」という主張は, 構造主義の「構造」概念に通じるものがないか。筆者は,「世界3はその作者たちを超越している」というポパーの記述が, 文学作品における「作者の死」を提起したロラン・バルトが書いたものではないかと錯覚してしまうほどである。

ポパー自身が,「世界3」の最大の特徴は「言語で述べられた人間の知識の世界」であることだといっているが[*43], ポパーの「三世界論」もまたソシュール以降の「言語論的転回」に属するものと考えることができる。それを, 人文・社会科学での領域ではなく, 自然科学の認識論において主張したところに, ポパーの「三世界論」の意味があるのである。ポパーの「三世界論」は, 科学哲学の分野では直接の論敵であったウィトゲンシュタインの言語ゲーム論やクーンのパラダイム論に, 社会学の分野であれば, 構築主義の議論などと比較検討が可能な共通の理論的基盤をもっているように思える。

ともかくも, ポパーの「世界3」が言語によって構成されたものであることに注意したい。ポパーは事物と思考から, 客観と主観から, 言語によって構成された世界を切り離した。この点から, ロックの「複雑観念」やカントの「純粋認識」を見直すことができるのではないだろうか。ロックが『人間知性論』で「複雑観念」について言及したあと, 長いスペースを割いて言語の問題について論じていることが, その証拠ではないだろうか。

客観報道論(批判)の理論的課題

デカルト, ロック, カント, ポパーと並べた客観-主観概念の検討は, 非常に荒っぽい議論のように思われたかもしれない。だが, 筆者は, 客観報道論を理論的に検討するための見取り図が描けたのではないかと思っている。

第一に, 客観報道を擁護する論者も批判する論者も同じように陥っている

循環論は，デカルトの「物‐心二元論」の世界観を保持したことによって発生している。第二に，ロックの「複雑観念」やカントの「純粋理性」を経てポパーの「三世界論」で見てきたように，認識論のなかで，客観‐主観の二項対立を越える提案がなされている。

このように言うのも，マス・コミュニケーション論の中ですでに，客観‐主観の二項対立を越える理論モデルが提示されており，これまでの本章で行ってきた認識論の検討はそのモデルを評価する上でも役に立つからである。アドーニとメーンはマス・コミュニケーション論の中で，「現実の社会的構成モデル」を提示している[4]。彼らは，現実を，①客観的現実，②象徴的現実，③主観的現実という三つに分類する。そして，マス・メディアが象徴的現実の構成にかかわるとする。客観的現実がポパーの「世界1」，②象徴的現実が「世界3」，③主観的現実が「世界2」に対応している[*44]。

筆者が今後検討したい客観報道論の理論的課題は，「現実の社会的構成モデル」のような提起があるにもかかわらず，報道を語る言説が客観‐主観の二項対立図式を依然として保持しているのはなぜかを明らかにすることにある。

これを単にマス・メディアの現場やマス・コミュニケーション研究者の理論や認識論の未成熟とかたづけてしまうことはできない。マス・コミュニケーションの過程の中に，客観‐主観の二項対立図式を保持しなければならない政治・経済的理由があるのか。それとも，報道という行為そのものが客観‐主観の二項対立図式と分かちがたく結びついているためなのかが問われなければならない。本章で提示した見取り図をその出発点としたい。

注
1) その他，次の「不偏性」（＝ある特定の党派・主張のみにそった報道をしないこと[不偏性原則]）を「客観報道」の条件としてあげる場合もある。特に政治的に「中立・公平」であることが「客観的」だという考え方である。だが，この「不偏性」は，本章のテーマである「客観」概念の再考察とは，議論の次元が異なると思われるので，本章では扱わない。ただし，「中立・公平性」と「客観性」が，「客観報道」論の中でどのように結合しているのかは，考察に値する問題である。
2) デカルトの認識論については，「精神と身体の区別」の面が注目され，哲学史の中では「心‐身二元論」とされることが多い。だが，本章では主観‐客観の二元論

の側面から「物 - 心二元論」とした。
3) 『哲学原理』の訳者注で桂寿一は,「客象的(objectivus), ラテン語で objectum とは, 本来は形相的に存在する事物が, 我々の知性または心に向かって objicere されたもの, すなわち心に向かってもしくは心の前に, 差し出されたものを意味する。(中略)ふつうに言う「客観的」「客体的」とは逆に, むしろ主観的な面が強調されている」としている(『哲学原理』158 頁)。Object が, 心に対するものの投影とらえられているのは, 興味深い。
4) アドーニとメーンの「現実の社会的構成モデル」については, 大石裕『マス・コミュニケーション研究 社会の中のメディア』慶應義塾大学出版会, 1998 年, 18-22 頁を参照。

参考文献
* 1 藤田真文「新聞記事における論評の表明——モダリティ概念によるテクスト分析」(鶴木眞編著『客観報道 もう一つのジャーナリズム論』成文堂, 1999 年),93 頁。
* 2 原寿雄『ジャーナリズムの思想』岩波新書, 1997 年, 144 頁。
* 3 ジャーナリストによる「客観報道」論の展開については, 伊藤高史「日本のジャーナリズムと客観報道——客観報道を巡る議論のレビューと客観報道主義の再評価について」(鶴木眞編著, 前掲書), 特に 37-45 頁を参照。
* 4 杉村楚人冠『最近新聞紙学』慶應義塾出版局, 1915 年, 原の章, 20 頁。
* 5 原寿雄, 前掲書, 161-162 頁。
* 6 本多勝一『新編 事実とは何か I』未來社, 1977 年, 30 頁。
* 7 同上。
* 8 原寿雄, 前掲書, 155 頁。
* 9 同上, 162 頁。
* 10 本多勝一『新編 事実とは何か II』未來社, 1977 年, 107 頁。
* 11 本多勝一『新編 事実とは何か I』未來社, 1977 年, 30-32 頁。
* 12 エドムント・フッサール『ヨーロッパ諸学の危機と超越論的現象学』細谷恒夫・木田元訳, 中央公論社, 1974 年, 103 頁。
* 13 デカルト『方法序説』谷川多佳子訳, 岩波文庫, 1997 年, 46 頁。
* 14 デカルト『哲学原理』桂寿一訳, 岩波文庫, 1964 年, 42 頁。
* 15 デカルト『哲学原理』, 67 頁。
* 16 同上, 87 頁。
* 17 同上, 86 頁。
* 18 同上, 67 頁。
* 19 同上, 58 頁。
* 20 ジョン・ロック『人間知性論(一)』大槻春彦訳, 岩波文庫, 1972 年, 134 頁。
* 21 同上, 135 頁。
* 22 同上, 134 頁。
* 23 同上, 189 頁。

* 24　同上，158 頁以下。
* 25　ジョン・ロック『人間知性論（二）』大槻春彦訳，岩波文庫，1974 年，10 頁。
* 26　同上，9 頁。
* 27　田中義久『コミュニケーション理論史研究（上）　コミュニオンからコミュニケーションへ』勁草書房，2000 年，397 頁。
* 28　カント『純粋理性批判』篠田英雄訳，岩波文庫，1961 年，86 頁。
* 29　同上，58-59 頁。
* 30　同上，86-87 頁。
* 31　同上，64 頁。
* 32　同上，70-72 頁。
* 33　同上，327 頁。
* 34　同上，336 頁。
* 35　カール・R. ポパー『開かれた宇宙　非決定論の擁護』小河原誠・蔭山泰之訳，岩波書店，1999 年，146-147 頁。
* 36　カール・R. ポパー『客観的知識――進化論的アプローチ』森博訳，木鐸社，1974 年，125 頁。
* 37　カール・R. ポパー『開かれた宇宙　非決定論の擁護』151 頁。
* 38　カール・R. ポパー『客観的知識――進化論的アプローチ』137 頁。
* 39　同上，126 頁。
* 40　同上，181 頁。
* 41　同上，137 頁。
* 42　カール・R. ポパー『開かれた宇宙　非決定論の擁護』148 頁。
* 43　同上。

* 44　H. Adoni and S. Mane "Media and the Social Construction of Reality" *Communication Research*, vol.11. No.3, pp.325-326.

第3章　米国報道メディアと市場ジャーナリズム[1]

荒木　暢也

はじめに

　ごく一部のものを除き，米国のマス・メディアは私企業である。そしてその活動目的は，利潤の追求である。この明快な目的のために，米国のメディアは一直線の，きわめてリニアな活動を繰り広げる。

　ニュースは送り手側が決定する。日々の人間活動の中で繰り広げられる様々な出来事・情報のうち，何がニュースであり，それをどのように伝えるかは，常に送り手側のメディアが差配することである。

　私企業としてのメディアが，ニュースの価値を見いだす情報とは，企業目的にかなうもの，すなわち利潤を生み出すものでなければならない。ニュース価値を決定する最大要因とは，購読者数や視聴率を伸ばし，それによって得られる広告収入で自らを潤すものなのである。

　「売れる」ニュースを「売れる」ように作り上げる——企業として至極当然な目標を達成する報道メディアは，株式市場においても評価を受ける。その株式市場もまた，近年のメディア革命によって大いに刺激を受けたもののひとつである。

　衛星技術の飛躍的進歩とテレビの多チャンネル化，ありとあらゆる通信メディアの融合，電子メディアの一般化とメディア革命。テクノロジーの進歩は，メディアの概念を膨らまし，かつてSF小説で語られる夢物語だった世界を現実のものとして我々の眼前に提示した。メディアが膨張・多様化すれば，当然，そこに流し込む番組コンテンツが不足する。

　クリントン政権下で叫ばれた規制撤廃の流れは，1996年電気通信法の成立（The Telecommunications Act of 1996）を生み，それまで不可能だっ

たレヴェルでのメディア企業合併を促進させる結果に繋がった。次々と誕生するメディア企業体は，米国内外の資本を巻き込んで，さらなる巨大メディア誕生への前触れとなっていく。国境を越えたメディア企業の買収・合併劇のプロローグに，投資家の目は輝き，さらなる株価上昇を期待する。

　これらの環境下において，ジャーナリストとは，自らの高邁な理念・理想を読者・視聴者に訴えかけるために存在する人々ではなくなった。一部の有名ジャーナリストを除き，彼らの仕事とは，メディア産業の最前線で，「売れる」製品作りを請け負い，結果，より高い広告収入を雇用主にもたらすことなのである。

　本章では，米国におけるより現実に近いジャーナリズム像が，市場原理にしたがい，その原理に可能な限り忠実に突き動かされる，市場ジャーナリズムの姿であることを概説する。90年代に一気に開花した感のある米国のメディア革命には，実はどのような歴史的背景要素が散りばめられていたのか。そして，そのメディア革命の結果出来上がった市場ジャーナリズムとはいかなる本質を備えたものであるのか。これらの問題を米国のジャーナリズム史を俯瞰しながら考察することが本章の目的である。

1　米国ジャーナリズムの道筋

パーソナル・ジャーナリズム

　ジャーナリズム（"journalism"）の原意は，ラテン語の"diurnus"（日々の）に端を発する。これに由来した，"journal"（日々の記録，あるいは日記）が"journalism"の基本的な意味と解釈して良い。

　15世紀半ば，グーテンベルクが発明した活版印刷術をきっかけに，ジャーナリズムはその後，17，18世紀にかけて起きた欧米の市民革命時代に盛期を迎えた。イギリスの市民革命時，言論弾圧に抗議して，議会報道の自由を獲得した当時のジャーナリズムは，市民社会における政治的社会変革の原動力ともなっていった。ジャーナリズムが，後に「第四の権力」と呼ばれる所以がここにある。

　当時のジャーナリズムは，論客や著名な記者たちが，新聞紙上で時の政治

権力と対峙する姿勢を示しながら形作った,いわゆるパーソナル・ジャーナリズムであった。例えば,米国メディア史上最初の新聞は,1690年にマサチューセッツ州ボストンで発行された『パブリック・オカーレンス・ボース・フォーリン・アンド・ドメスティク』である。英領植民地時代,本国政府の意向に反して,自らの声を新聞紙上に掲載することは,それ自体が危険な行為であったと言えよう。事実,同紙はただ一回の刊行でその使命を終え,発行人であるベンジャミン・ハリスは投獄された。

　この時代の米国出版言論界で活躍した人々の中に,ジョン・キャンベルやベンジャミン・フランクリンなど,名だたる人物がいたことは有名である。『パブリック・オカーレンス・ボース・フォーリン・アンド・ドメスティク』から14年後の1704年,米国で初めての定期刊行新聞,『ボストン・ニュースレター』が発刊される。その後,アメリカ独立革命をめぐり,ジョン・ピーター・ゼンジャーやジョン・ディキンソンらが,次々と刊行される新聞紙上で活発な言論活動を繰り広げていく。新聞を発行する社主そのものを含め,当時の米国ジャーナリズムの論客は,自らの主張を時には命懸けで紙上に反映させていった。

　独立革命後の米国言論界は,主として連邦党と共和党が繰り広げる政治論争の中で成長していく。新国家が進むべき道を模索する上で,新聞メディアは見過ごすことのできない役割を果たした。米国政治の初期段階において,新聞ジャーナリズムは,新国家の人々に国民としての自覚と政治意識を喚起していったのである。

　これら数々の事例を経て,自らの主張のためにはいかなる政治的圧力にも暴力にも屈しない,理想のプレス像が創り出されていく。米国人が讃えるヒロイズムの精神を背景に,強きものに立ち向かうプレスの姿は,広く民衆の心をとらえる。こうして,米国史初期におけるパーソナル・ジャーナリズムのイメージは,崇高な像として人々の記憶に止められていった。

大衆紙時代の到来

　19世紀に入ると,ジャーナリズム界に大きな変化の波が訪れる。移民の急増と識字率の向上は,読者層の拡がりを生み,安価で娯楽的な内容を持つ

新聞の発行が相次ぐのである。

　1833 年，ニューヨークで創刊された『ザ・サン』は，それまでの新聞が主として知識階層を対象とし，価格も比較的高価であったことに対抗して発刊された新聞であった。廉価で，しかもたぶんに娯楽的センセーショナリズムに満ちた記事に重点をおく，この種の新聞発行の流れは，その後，ジェイムス・ゴードン・ベネットの『ニューヨーク・ヘラルド』，そしてホラス・グリーリーの『ニューヨーク・トリビューン』で決定的なものとなっていく。1830 年代から 60 年代にかけて盛況を極めた，ペニー・プレス時代の到来である。

　南北戦争後の 1890 年代には，このペニー・プレスをさらに拡大，企業化する流れが米国のジャーナリズム界を席巻する。社会は，イエロー・ジャーナリズムと揶揄される扇情的大衆娯楽紙の時代を迎えるのである。

　先のパーソナル・ジャーナリズムの時代に見られた，政治権力批判や国民の政治意識の喚起を助長するストーリー構成は影を潜め，戦争や天変地異，犯罪報道が，きわめて扇情的な娯楽情報として報じられた。「特ダネ」あるいは「スクープ」といった大見出しの下，センセーショナルな記事は連日，紙面を賑わせた。ジョセフ・ピュリッツァーやウィリアム・ランドルフ・ハースト，そして E. W. スクリプスらは，イエロー・ジャーナリズム時代の代表的人物である。

　彼らは，発行する新聞の売り上げを伸ばすために，紙面に極端な挿絵や漫画の技法を多用した。スキャンダラスな記事とともに，彼らの新聞は一般読者の目を大いに惹いた。ちなみにイエロー・ジャーナリズムの名称は，ハーストが発行する新聞に掲載された人気漫画「イエロー・キッド」の名に由来する。

　イエロー・ジャーナリズムの後を受けて訪れるのが，タブロイド新聞の発行に特徴づけられるジャズ・ジャーナリズムである。通常新聞の半分の紙面に，写真を多用してより視覚的な構成を狙ったタブロイド紙は，新たな大衆向け新聞メディアとして注目を集めた。『ニューヨーク・デイリー・ニュース』は，米国最初のタブロイド紙であり，ジャズ・ジャーナリズムを象徴する新聞とされる。

調査ジャーナリズム

　イエロー・ジャーナリズムやジャズ・ジャーナリズムに覆われた観のある米国のジャーナリズム史も，やがてまた変化を遂げていく。

　第二次世界大戦が終わり，一連の公民権運動やヴェトナム戦争に対する反戦運動等，広く一般（とりわけ学生を中心とした青年層）が政治に対して意識的，積極的に関わろうとした時代の到来が，マス・メディアに求めるニュースの質をも変化させていったのである。この時代に入ると，情報の送り手が持つ識見や綿密な取材活動に依拠した，新しいジャーナリズムの潮流が，有名メディアの間で顕著になってくる。

　ただし，歴史の変化の多くがそうであるように，この時代のジャーナリズムの変化もまた，前の時代から引き継がれた人々の意識が底流にあったと考えねばなるまい。例えば19世紀，南北戦争後に活発になった労働運動や女性参政権運動がそれである。南北戦争という，ひとつの革命後，広く一般民衆の間で成熟していった新しい市民意識は，第二次大戦後，一部に社会的平等を求め，権力の腐敗や堕落に対する監視の必要性を主張する声へと発展する。イエロー・ジャーナリズムに代表される大衆紙は，彼らの声に充分な回答を提示することができなかった。読者が抱く社会的不平を吸収し，これに応える力を持つジャーナリズムの誕生が，この時代，必須だったのである。

　この戦後の新しいジャーナリズムの流れは，テレビという当時最新のメディアをも巻き込んで行く。誕生当初のテレビは，たぶんに娯楽専門のメディアであり，ニュース報道中心の新聞とは一線を画すものであった。しかし，そのテレビ・メディア界においても，ジャーナリズムの傑物が輩出されて行く。エドワード・マロウが自らの番組"See It Now"（CBS）で，ジョセフ・マッカーシー上院議員を招き，彼が主導した極端な反共運動を批判し，いわゆるマッカーシズム衰退のきっかけを作る端緒のひとつになったことは，今も米国のジャーナリズムの教科書で取り扱われている。

　ヴェトナム戦争のさなか，戦場で日々行われていることを写真や映像で如実に伝えたのは，数々のフォト・ジャーナリストたちであった。米兵の死やヴェトナム兵の処刑現場を生々しく撮した写真や映像は，戦争の大義に対する疑問へ，そして強烈な反戦運動へと繋がっていく。テレビ・ジャーナリズ

ムと並んで，フォト・ジャーナリズムの活況もまた，第二次大戦後の米国メディアを語る上で欠かせないものである。

そのヴェトナム戦争に関わる国防総省の機密文書を報道し，政府の対ヴェトナム政策の欺瞞を暴き出したのは，キャサリン・グラハムとベン・ブラッドリー率いる 1971 年の『ワシントン・ポスト』であった。当時キャサリン・グラハムは『ワシントン・ポスト』の社主であり，まさにパーソナル・ジャーナリズムの時代を彷彿とさせる一場面であった。

翌 1972 年，同紙は再び，全米・全世界を揺るがすスクープを第一面に掲げる。ボブ・ウッドワードとカール・バーンスタイン執筆による，ウォーターゲート事件報道である。現職大統領の犯罪を暴いたこの記事は，やがてニクソン大統領の辞任へと繋がる。ニクソン・ショックに見舞われた共和党が，その暗いイメージを払拭するために費やした時間とエネルギーは少なからぬものであった。

これらはまさに，米国のジャーナリズムが，過去のパーソナル・ジャーナリズムに象徴される政治権力に対する厳しい監視に加えて，新たに精緻な調査取材を加味した，調査ジャーナリズムの絶頂期とも言える瞬間であった。

2　底流に流れるもの

ここで，17 世紀末に始まった米国ジャーナリズムの歴史を，概ね二つの流れに大別してみよう。ひとつは，政治権力に関して，様々な論客や記者連が主張を繰り広げたパーソナル・ジャーナリズムに端を発した潮流であり，今ひとつは，そのパーソナル・ジャーナリズムを成り立たせた経済的背景が主体となって作り出す商業的ジャーナリズムの流れである。言うまでもなく，これらは互いに表裏一体のものであり，たとえそのどちらが欠けても，米国ジャーナリズムの性格づけはおぼつかない。

パーソナル・ジャーナリズムの系譜は，我々に眩いばかりの理想的な報道メディア像を提供してくれる。有権者たる人々に，より良き道，進むべき道を照らし続けてくれる，米国民主主義のヘッド・ライトとしての役目である。

しかし，ジャーナリズムにおける商業的あるいは企業的な発想は，このパ

ーソナル・ジャーナリズム全盛の時代において既に誕生していたことを指摘せねばならない。多くの論客が紙上で政治議論をたたかわせた時，その地下では脈々とメディアの商業化と企業化が進展していったのである。

　19世紀になると，この事実があらわになってくる。一部高級紙が放つ活発な言論活動の裏で，安価でセンセーショナルな内容を持つペニー・プレスが続々と発刊され，後のイエロー・ジャーナリズム，そしてジャズ・ジャーナリズムへとバトンを渡していく。初期のパーソナル・ジャーナリズムが放つ，眩いばかりの伝説の地下に隠れていた水脈が，一気に地上に姿を現した時代と言って良い。一般読者の購買意欲をそそる紙面を念頭に置いた商業的ジャーナリズムは，こうして米国ジャーナリズム史の表舞台に姿を現すのである。

　メディア企業の合併・統合が，第一次世界大戦後，既に産声を上げていることも看過してはならない。この時代，ガネットやナイト・リッダー，ニューハウス，スクリプス・ハワード，ハースト，トンプソンらの企業が，全米の新聞を系列化し，米国のジャーナリズムは，急速にその弁別性や独自性を失っていった。

　そして，第二次大戦後，我々の視線が調査ジャーナリズムに注がれていた時代にも，メディアの私企業としての論理は，底流でさらに勢いを増していった。自らの職業意識に基づいて，調査ジャーナリズムを謳歌することができた報道メディアは，米国でも数少ない，いわゆる高級・有名メディアのみだったからである。全米に散らばるその他大勢のメディアは，常に企業としての業績を意識しながらのニュース作りにつとめた（あるいはそれを余儀なくされた）商業的ジャーナリズム中心のメディアであった。

　報道ジャーナリズムにおける多様な声の確保は，民主的な社会を維持する上で欠くことのできないものであると言う主張がなされる一方，現実にはそれに逆行する流れが静かに勢いを増していく。メディアの統合，巨大企業化は，科学技術がラジオ，そしてテレビと，最新メディアを登場させるに連れ，一層加速度を増し，強力なものになっていった。

　商業ジャーナリズムの潮流は，1990年代初頭，東西冷戦の終結と共に，米国のメディア情報産業が国家経済の将来を担う支柱として位置づけられた

瞬間，再び，主役の座に名乗りを上げる。「情報スーパー・ハイウエイ構想」を選挙中に掲げたクリントン－ゴア政権は，就任後，全米情報基盤実現のための法的整備に着手する。この構想は，インターネットを中心としたメディア革命（IT 革命）の華々しいイメージを放ちながら，規制撤廃の政治潮流に合流した。そして，この方針に沿って成立した 1996 年の改正電気通信法は，それまで辛うじて堰き止められていたメディア企業の大規模合併を可能にしていったのである。

次の節では，米国における現在のジャーナリズム像が，市場原理に忠実な市場ジャーナリズムの姿であることを，ジョン・マックマナスが提示する米国の報道メディアが持つ四つの市場とともに概説する。

3　市場ジャーナリズムの概観[2]

観客市場

ジョン・マックマナスは，著書，*Market-driven Journalism: Let the Citizen Beware?* の中で，米国報道メディアの現状を次のような表現で言い表している。

> A profound change is sweeping American newsrooms, print and broadcast alike. Even though profit-seeking business has been the enabling foundation of journalism here ever since entrepreneurs succeeded political parties as operators of the press 150 years ago, it has usually been kept in the basement. Now the business of selling news is being invited upstairs, into the temple.
>
> As newspapers, television stations, even the networks, have been sold by the families of those entrepreneurs to investors on Wall Street, more and more of the nation's news is being produced by corporations whose stockholders seek to maximize return on their investment. Newsrooms have begun to reflect the direction of managers with MBAs rather than green eyeshades. The reader or viewer

is now a "customer." The news is a "product." The circulation or signal is now a "market." As business logic begins to permeate the newsroom and journalism is crafted to serve the market, will it provide a clearer picture of the world upon which we can act? Or as news becomes more explicitly a commodity, will it lose its informational value? 3)

　ペニー・プレスの時代に表面化した商業的ジャーナリズムの流れも，一部有名メディアにおいては，その後長い間，地下に隠れた存在だった。それが今，市場ジャーナリズムの時代を迎えて，一気に主役に躍り出ている。メディア企業の統合・合併が，プリント・メディア，放送メディアを問わず，著名メディアの報道部門に大きな意識変革を求めているのである。

　全米のメディアを取り巻く企業環境を俯瞰的に眺めた時，パーソナル・ジャーナリズムや調査ジャーナリズムの理念を掲げ，なおかつそれを日々実践する贅沢を許されたメディアは，過去においても，そして現在もきわめて少数派であることに気がつく。調査ジャーナリズム全盛の時代，そのごく少数のメディアが，多くの人々にそれがあたかも米国メディアの常態であるかのように錯覚をさせてきた。これらのメディアは，あくまでも米国報道メディアの最上位に位置するものの姿であり，その他のメディア，とりわけ数多ある地方メディアは，経営基盤も弱く，常に企業としての経営状態を念頭に置きながらのニュース制作を余儀なくされてきたのである。

　マックマナスの *Market-driven Journalism: Let the Citizen Beware?* は，この全米に網の目のように拡がる地方メディアの中でも，特に地方テレビ局のニュース作りが，今日，結果として有名メディアのジャーナリストたちが学ぶ教科書になっていると指摘する。

As recently as the mid-1980s, the three networks and many newspapers still pursued a traditional style of doing news, providing the public an alternative to the approach of local television news. But as local television news grew in popularity and profitability while media carrying more traditional journalism receded, executives at media firms from *The New York Times* to CBS News to the local daily paper began a profound reassessment of what constitutes news and how it should be gathered and reported. These executives may not have consciously borrowed from local television's popular and inexpensive way of doing news, but they either initiated or accelerated trends that moved their news-gathering and reporting closer to the model of the newer medium. [4]

　広大な国土を網羅する電波の網を作り上げるため，三大ネットワーク(ABC, CBS, NBC) は，競ってローカル・テレビ局を傘下に入れた。一部は自らの出資によって設立した直営地方局であり，他の多数は地元資本が作り上げたものをネットワークが傘下に加えるという図式で出来上がったものである。

　設立当初の地方局は，主として中央局が制作・配給する娯楽番組を中継する基地としての役割を担わされた。しかし，地方局にとって，ネットワークの中継基地として分配される収益は少ない。全収入を自らのものにできるローカル・ニュースは，必然的に彼らの主力商品となっていく。

　1960年代以降，顕著になった新聞の衰退傾向もまた，地方局のニュース報道にとって追い風となっていった。ニュースを知る手段として，活字を読むことよりも画面を見ることを選んだ人々は，地元のテレビ局が流すローカル・ニュースに主たる情報源を求めたのである。こうして，ニュースは，きわめて収益性の高いビジネスとして，米国の地方局経営を潤していった。

　地域の観客市場を意識し，より多くの視聴者を自らのニュース報道へ取り込むために，地方局は，徹底した顧客重視の姿勢を取った。ネットワークや有名プリント・メディアが放つプロフェッショナルなジャーナリズムとは一線を画し，顧客の求める情報を，顧客が求める形で提供して見せたのである。結果出てきたものが，テレビ報道の武器である，映像と音声による簡潔で分かりやすく，面白いニュース作りであった。その手法の最たるものは，技術の進歩がもたらした生放送の多用である。

テレビ画面には，今起きている事件や事故の生々しいシーンが映し出される。生放送の情報量は，人々を虜にした。現実に画面に映し出されているニュースに嘘はない，と人々は感じた。できるだけ多くの情報を生の映像で送るために，地方局は機動力の充実に資材を惜しまなかった。現場に直行できるヘリコプターは勿論のこと，衛星アンテナを積んだ車両をも車庫に備え，事件や事故，災害の一報を待つのである。
　米国には，英語を母語としない人々も多く暮らしている。彼らにとって，唯一情報源になり得るのもまた，地方局のテレビ・ニュースであった。活字を読んで理解することが難しいこれらの人々にとって，自分たちを情報の孤児にしない地方局ニュースは，ニュース報道の潜在的顧客層を大きく広げた。
　地方局が先行した顧客重視のニュース制作は，1980年代に入り，CNNと『USAトゥデー』の誕生によって一気に全米に波及した。
　1970年，アトランタ州ジョージアのUHF局を買収したテッド・ターナーは，その後10年間で一躍全米のテレビ・メディア界における革命者に成長する。ターナーが1980年に開始したケーブル・ニュース・ネットワーク（CNN）は，既に張り巡らされていたテレビ・ケーブルに人工衛星の電波をドッキングさせたものであった。
　「24時間，いかなる時にもニュースを知ることができる」を謳い文句に，ニュース情報の概略を定められた時間で循環させるヘッドライン・ニュースや，全米，全世界のニュースを生放送で報じるという手法は，視聴者の関心を大いに集めた。発足当初，ネットワークにとってお荷物とも言われたニュースを専門に扱う，ニュース・チャンネルの出現である。ニュース報道を，連邦通信委員会（FCC）規約に従うための商売にならない義務としてしか捉えていなかったネットワークに対して，「ニュースをビジネスにする」という発想は，アトランタの地方局経営者であったターナーにとって，ごく当たり前のことであった。
　CNNが取り組んだことは，三大ネットワークから視聴者を奪うことであった。80年代，米国の視聴者像が多様化する時代にあって，このCNNの目論見は見事に的中した。夫婦双方が仕事を持ち，子供は持たないという「ディンクス："DINKs (Double Income, No Kids)"」が，新しい都会人の

ライフスタイルであると喧伝されるほど,人々の価値観も志向も変化を遂げていたのである。彼ら新しい時代の視聴者にとって,ニュース情報は以前にも増して,映像中心で分かりやすく,単純明快なものでなければならなかった。

送り手側の指定する時間に視聴者を縛り付ける,ネットワーク・ニュースの姿勢もまた,新しい視聴者が敬遠する要素であった。彼らは,メディアの側が自分たち視聴者の都合に合わせてニュースを提供することを望んだのである。

1982年には,新聞メディアの世界においても,ひとつの革命が起きた。この年9月,全米を網羅する一般紙,『USAトゥデー』が発刊されたのである。ごく一般的な地方紙と比べても質量ともに見劣りがしたこの新しいメディアは,発刊当時,さまざまに揶揄され嘲笑された。しかしながら,『USAトゥデー』の販売部数は,以後急速な伸びを見せる。人々の活字離れが言われる中,『USAトゥデー』は,1998年の統計で,日刊160万部を売り上げ,『ウォールストリート・ジャーナル』の180万部に迫る勢いである。これは,有名な『ニューヨーク・タイムズ』や『ロサンゼルス・タイムズ』(ともに約110万部／日)を大きく引き離す数字である[5]。

新聞の薄さは,紙面構成の変更で穴を埋めた。従来,伝統的な新聞ジャーナリズムでは不可欠だった詳細な背景説明や解説は省かれた。第一面に政治・経済以外の記事を配置することもしばしば試みられた。必要最低限の情報を,グラフィックを駆使して分かりやすく,しかも可能な限り短時間で伝えてくれる簡易な新聞メディアの誕生である。全ては顧客としての読者が求めるニュースとは何か,を考慮した市場ジャーナリズムの成果であった。

『USAトゥデー』は,既に第一情報源となっていたテレビ・ニュースの手法を新聞に取り込んだ,米国最初の全国紙であった。どの層の顧客を狙えばいいのか。そしてその顧客は一体,どんなニュースを求めているのか。これらの調査結果を計算式に挿入した結果,出てきた商品が『USAトゥデー』の報道であった。

こうして,観客市場の中で,顧客が求めるものを,求めるままに提示してみせる地方局のニュースは,CNNと『USAトゥデー』の成功と共に,全米

の市場ジャーナリズムの手本となっていった。ニュースがビジネスとして成立することを目の当たりに見せつけられたネットワークは，それまで揶揄嘲笑してきた地方局のニュースを無視できなくなったのである。ニュースを送り手であるジャーナリスト自身が決定し，それを彼らがなす味付けにしたがって受容させてきた，有名メディアの伝統的プロフェッショナル・ジャーナリズムの姿勢を一変させるものであったと言える。

広告市場

テレビを中心とした政治報道を研究したランス・ベネットは，著書 The Politics of Illusion の中で，ネットワークを例に引きながら，ニュース・メディアにとって商品となるのは，ニュースで獲得した購読者数や視聴者（視聴率）であると説明する。

> The news is, above all, a consumer good. It would not exist in the diverse forms that we know it without the marketing strategies that deliver (or, better put, "sell") news audiences to advertisers. Perhaps, as NBC reporter Linda Ellerbee has claimed about TV news, the most important product in the news business is not the news itself, but the audience sold at a price to the sponsor:
>
>> In television the product is not the program, the product is the audience and the consumer of the product is the advertiser. The advertiser does not "buy" a news program. He buys an audience. The manufacturer (network) that gets the highest price for its product is the one that produces the most product (audience) …The value of any news program, therefore, is the one watched by the greatest number of people…Altruists do not own television stations or networks, nor do they run them. Businessmen own and run them. Journalists work for businessmen. Journalists get fired and cancelled by businessmen. That is how it is. [6]

相次ぐ合併によって巨大化したメディアは，広告収入の更なる増収を報道部門に求めた。これに対するジャーナリストの回答は，観客市場を念頭に置いたニュース制作，つまり，読者・視聴者が求める情報のみを，彼らの要望に従って提供することであった。先に触れたように，これは，まさにローカル・テレビ報道を結果的に手本としたものであった。
　しかし，テレビの手法は，事件・事故報道において一定の成果を見せるとしても，詳細な背景説明を必要とする政治，経済，科学，文化情報には，ほとんど効力を発揮しない。勢い，全ての情報に，テレビが本来得意とする娯楽の要素が加味され，売り出されていく。
　例えば，政治情報を，本来あるべき論点の解説に費やすのではなく，政治家の人となりや性格，家庭生活などを映像イメージにして売り出すことは，新しい時代のジャーナリストの常套手段となった。大統領選挙の度に，候補者の妻や家族構成，そして飼われているペットの写真までもが，ネットワーク・ニュースや主要プリント・メディアの紙面を飾ることは，もはや当たり前のこととなっている。広告収入に重きを置く市場ジャーナリズムが，必然的に帰着したニュースの姿と言える。
　しかし，これは，企業犯罪に対する報道メディアの監視という観点から見ても，きわめて由々しき事態である。憲法修正箇条第一条によって，米国のメディアは政治権力の検閲を拒否し続けてきた。しかし，これは広告主である企業から発せられる，経営論理に基づく見えざる検閲は含んではいない。市場ジャーナリズムが，企業の監視については心許ないとされる所以がここにある。

株式市場
　観客市場，広告市場に続いて，株式市場の側面から米国報道メディアを見ることは，現下の市場ジャーナリズムの特徴をより鮮明に映し出す。
　株式市場を眺め見た場合，メディア企業の経営者にとって，最も重要な顧客は株主である。その株主に最大限の利益を還元するため，経営者は観客市場で勝ち取った数値（購読部数・視聴率）を元に，広告市場での増収を目指す。この増収を基盤とした企業業績は，やがて株式市場に反映される。そし

てこの株式市場に連邦政府による経済戦略が加わり，米国は空前のメディア株ブームに沸いた。

1990年代，東西冷戦の終結は，政治と軍事の分野において，人々に世界の米国一極化をイメージさせた。これに経済的な主導権の回復を加えるべく，国際競争力を持つ次世代産業育成の政治構想が，米国内で熱気を帯び始める。クリントン民主党政権が打ち出した全米情報基盤（NII）構想は，その現実的かつ効果的選択肢として多方面の注目を集めた。インターネットを中心とした情報メディア革命は，それに伴うインフラストラクチャーの整備とコンテンツ産業の強化を一挙に成し遂げ，情報技術の分野で米国の優位性を保とうとする政治的思惑の中で熟成されていくのである。

それまでの1934年通信法（The Communications Act of 1934）は，メディアを電気通信（長距離，地域電信・電話），ラジオ，テレビ等の無線放送，そして1984年に新しく加わったケーブルの三つの枠組みに分類し，各々の事業を，FCCが分割管理することを規定している。同時に，複数のメディアが特定の資本系列傘下に組み込まれることは，この通信法を根拠にしたFCCの規制の下におかれてきた。

全てのメディアを融合させた新しい情報産業を育成するNIIの立場は，この古い通信法を大幅に書き換えることを要求した。結果，1996年電気通信法が成立する。この改正法は，既存のメディア業種間相互における垣根を低くし，自由競争の促進を目的として成立した全く新しい法律とも言えるものであった。

例えば，ひとつのネットワークが所有出来るテレビ局数の上限は，それまでの全世帯の25％から35％へと引き上げられた。また，市場原理導入によるメディアの寡占状態を防ぐため，クリントン政権は，FCCや各州の公益委員会に幅広い裁量権を与えたが，実はこのFCC裁量権の肥大化こそが，実質上，メディアの巨大化を促進させているとの批判も多い。

事実，この新しい電気通信法成立と前後して，全米は巨大なメディア市場の誕生に湧いた。これに，90年代の資本市場の過熱が加わって，メディア企業の商品化に一層拍車がかけられた。

例えば，CNNの母体であるターナー・ブロードキャスティング・システ

ム（TBS）は，1996年，巨大メディア企業であるタイム・ワーナーに買収され，世界一のメディア・娯楽企業の内部に入った。タイム・ワーナー自体，タイムとワーナー・コミュニケーションズが合併してできた新しい企業である。タイムは，『タイム』をはじめ『フォーチュン』，『ライフ』，『スポーツ・イラストレーデッド』等，名だたる専門雑誌の発行元であり，ワーナー・コミュニケーションズは，映画製作会社ワーナー・ブラザーズを所有する巨大企業である。

これに，ターナー・ブロードキャスティング・システムを吸収することにより，タイム・ワーナーは，一挙にケーブル・ニュース・ネットワーク（CNN），ターナー・ネットワーク・テレビジョン（TNT）等，一大メディア企業グループを手に入れた。さらに2000年になると，タイム・ワーナーはそれまで手に入れた全ての資産をインターネットの巨大企業，アメリカ・オンラインに1830億ドルで売却する計画を発表する。既存メディアにインターネット網を加味した，エーオーエル・タイム・ワーナーの誕生である。

ロサンジェルスに本部を置くフォックス・ブロードキャスティング・カンパニー（FBC）も忘れてはならない存在である。オーストラリア生まれのルーパート・マードックが所有するニュース・コーポレーション・リミテッドの傘下に入るFBCは，相次ぐ企業買収により，三大ネットワークの背後に迫るまでに成長した。

1985年の映画製作会社20世紀フォックス買収後，マードックはメトロメディアの買収により，全米ネットワーク構築への足がかりを得る。その後，100以上の地方局を獲得し，現在では200あまりのテレビ局を網羅する第四のテレビ・ネットワークに成長している。

今日，メディア勢力地図の大幅な塗り替えと，繰り返される大同合併，そして業務提携の結果は，凄まじいばかりのニュースの均一化と画一化に向けて進んでいる。一握りの大資本が巨大メディアを支配し，ニュース情報を制御している現状は，人々の知る権利をも脅かす状況になっているのである。

情報源市場

米国のメディアは，情報源（ニュース源）を争う市場をも包含している。

ニュースの情報源は，自らの情報をより効果的にメディアに乗せることを望む。つまり，購読者の多い（高視聴率の）商品には，より多くのニュース源が集合するのである。情報の独占はスクープに繋がり，ニュースの商品価値を高めていく。それは，広告収入の増加を意味し，企業業績の向上，そして株価の上昇へと発展していく仕組みである。そして，この情報源が，政治権力そのものであった場合，それは政治による間接的な報道操作・情報操作に繋がることを，我々は常に注視していなければならない。

　例えば，イラク戦争で，占拠直後の大統領宮殿の取材を新興のフォックス・ネットワーク（FBC）のみが行った事例がある。表向きは，今回のイラク戦争取材で採用されたエンベッデド取材（embedded reporting: 記者を取材対象に張り付かせる埋め込み取材）の成果と言うことになっているが，今回，FBCが張り付いた部隊が宮殿内部に最初に突入したことは，単なる偶然とは言い難く，大きな議論を呼んだ。また，このイラク戦争報道では，エンベッデド取材そのものの是非が，当局による間接的情報操作の可能性から，論議の的となっている。

　この種の情報の独占は，複数の意味で大きなスクープとなる。テレビ画面に映し出される宮殿内部の映像は，観客市場においてフォックス・ニュースの商品価値を高めていく。広告収入を競合する広告市場では，高視聴率を取るフォックスの価値が上昇する。そして，国防総省と強い情報のリンクを持ち，高収益をもたらすフォックスの企業株は，株式市場での評価を高めるのである。

　市場ジャーナリズムは，メディアの調査力を脆弱化し，情報をこれまで以上に「発表もの」に頼らせる結果となった。情報源市場が，報道メディアの生命線を握る背景がここにある。そしてそれは，時として高度に組織化された権力による情報操作をも見破れず，今後，その種の操作をのみ込み，あるいは媚びる結果となっていくのかも知れない。

結びに代えて

　観客市場，広告市場，株式市場，情報源市場——市場ジャーナリズムは，

これら四つの市場を循環して機能する。そこにあるものは，パーソナル・ジャーナリズムや調査ジャーナリズムの意識ではなく，ひとえに企業経営の観点から発せられる商業的ジャーナリズムの視点のみである。

市場ジャーナリズムによるメディアの巨大化と情報の寡占は，本来健康的な民主社会が維持すべき自由で多様な主張をことごとく失わせていく。巨大メディアは，観客市場，広告市場，株式市場を独占し，同時に情報源をも押さえ込むからである。1996年電気通信法審議の折りに，ネットワークが所有出来る全世帯の割合は，連邦議会（下院）通過時で50％であった。それを35％までに引き戻すことが，当時のクリントン政権が成し得た政治的成果であったと言って良い。

現下の報道メディア環境では，ニュースを消費する読者・視聴者は，市場ジャーナリズムの末端に位置する。そして，今日ほど，この市場の末端に位置する顧客に対する質的メディア・リテラシーの必要性を言われる時代もない。市場の循環を崩すには，まず末端に存在する顧客の質の向上が不可欠だからである。

メディア・リテラシーの教育がより実効性を帯びるためには，元来ジャーナリズムが持つ表と裏，光と陰を理解することから始める必要があるであろう。すなわち，光り輝くパーソナル・ジャーナリズの系譜とその陰にある商業的ジャーナリズム，この双方を提示し，本来，米国のジャーナリズムとは，このような性格を帯びているものであることを，まず明確に認識することである。その上で，我々は，真のメディア・リテラシー教育とは，バランス感覚に富んだ，良き意味での教養教育（賢い消費者の育成）であることを再び認識し，理解せねばならない。市場ジャーナリズムの飽くなき利潤追求に対する防波堤は，末端の消費者の質にかかっているからである。

これは，戦後，米国ジャーナリズムを範とし，今なお，国際情報の多くを米国メディアに頼る我々日本社会に住むものにとって，きわめて重大なことであることを付記して，本稿を終える。

注
1) 本稿は，拙論「米国プリントメディアにみる日本像——研究の視座と目的」（『社

会志林』第 49 巻第 1 号, 2002 年) 3-58 頁で書き述べたものの一部を改訂し, まとめたものである。また「市場ジャーナリズム」の用語は, Ben Bagdikian が *The Media Monopoly* で使用する "market journalism" を援用した。
2) 市場ジャーナリズムを観客市場, 広告市場, 株式市場, 情報源市場に分ける考え方は, 本稿の他にも, John H. McManus, *Market-driven Journalism: Let the Citizen Beware?*, Sage Publications, 1994, p.5 を参照されたい。
3) John H. McManus, *Market-driven Journalism: Let the Citizen Beware?*, Sage Publications, 1994, p.1.
4) John. H. McManus, *Market-driven Journalism: Let the Citizen Beware?*, Sage Publications, 1994, p.6.
5) *USA Today*, *The Wall Street Journal*, *The New York Times*, *The Los Angeles Times* の発行部数については, "Newspaper", *Microsoft Encarta Encyclopedia 2001*, Microsoft Corporation, 1993-2000 参照。
6) W. Lance Bennet, *The Politics of Illusion*, Second Edition, Longman, 1988, pp.3-4.

参考文献

荒木暢也「米国プリントメディアにみる日本像――研究の視座と目的」(『社会志林』第 49 巻第 1 号, 法政大学社会学部学会, 2002 年)。
森岡清美, 塩原勉, 本間康平 (編集代表)『新社会学辞典』有斐閣, 1993 年。

Alger, Dean, *Megamedia*, Maryland: Rowman & Littlefield Publishers, 1998.
Anderson, Rob, Dardenne, Robert, and Killenberg, George M., *The Conversation of Journalism*, Westport, CT: Praeger Publishers, 1994.
Baughman, James L., *The Republic of Mass Culture: Journalism, Filmmaking, and Broadcasting in America since 1941*, Baltimore and London: The John Hopkins University Press, 1992.
Bagdikian, Ben., *The Media Monopoly*, Boston: Beacon, 1990.
Bennet, W. Lance, *The Politics of Illusion*, New York: Longman, 1988.
Blumler, Jay G., and McQuail, Denis, *Television in Politics*, Chicago: University of Chicago Press, 1969.
Franklin, Marc A., and Anderson, David A., *Mass Media Law Fifth Edition*, New York: The Foundation Press, 1990.
Hallin, Daniel, C., *We Keep America on Top of the World: Television Journalism and the Public Sphere*, London and New York: Routledge, 1994.
Klapper, Joseph T., *The Effects of Mass Communication*, Glencoe, IL: Free Press, 1960.
Knowlton, Steven R. and Parsons Patrick R. (Ed.), *The Journalist's Moral Compass*, Westport, CT: Praeger Publishers, 1994.
Lippmann, Walter, *Public Opinion; with a new introduction by Michael Curtis*,

Transaction Publishers, New Jersey, 1991.
Microsoft Encarta Encyclopedia 2001, Microsoft Corporation, 1993-2000.
McManus, John H., *Market-driven Journalism: Let the Citizen Beware?*, Thousand Oaks, CA: Sage Publications, 1994.
Owen, Diana, *Media Messages in American Presidential Elections*, New York: Greenwood Press, 1991.
Waton, James., *Media Communication Second Edition*, New York: Palglave Macmillan, 2003.

第4章 ストーリーと切断技法の映像認知における役割

金井 明人

はじめに

　小説，映画などにはストーリー（Story，物語内容）的な側面とストーリー以外の側面が存在する[1]。ここでのストーリーとは，小説，映画などが表現しようとしている「出来事」の全てである。また，ストーリー以外の側面とは，例えば小説では，言葉使いや，リズム，字の配置など，映像では，編集，撮影，演出，音や音楽の技法やその組み合わせなどである。もちろん，これらがストーリーの表現に貢献する場合も多い。しかし，その一方で，映像ではストーリーではなく，編集，撮影，演出，音や音楽などの技法やその組み合わせにより生じる視覚的・音響的状況そのものが重要になる場合もある。むしろ，小説などと異なる映像自体の特性が強く現れているのはこれらの部分であると言うこともできるだろう。「内容のドラマツルギー的表現とはほとんど無関係な編集もまた，映画の中では重要な芸術的役割をはたす」のである（Balázs, 1949）。では，映像に，受け手が接する時，言い換えれば，「認知」するときに，ストーリーとそれ以外の側面をどのように捉えているのであろうか。二つの側面に均等に触れているのであろうか。本稿では，映像における，ストーリーとそれ以外の側面の受け手の認知における位置づけと，両側面間の交互作用について考察してみたい。

　多くの映像は，後に詳しく説明するが，一貫したストーリーを表現するための文法規則に基づいた編集により構成されている。受け手はその文法規則を前提にして認知処理を行ない，その結果，記憶や感情などに関する効果が生じる。また，受け手が違和感なく映像に接してもらうためにも，ストーリーが重要な役割を担っている。その一方で，送り手が映像によって受け手に

期待する効果の中にはストーリーに関するものだけでなく映像認知に関わる文法規則の適用ルールの変更に関わるものも存在する。映像では，ストーリー以外に注目させるために，あえてストーリーの連続性を切断するケースが存在し，それが受け手の印象の違いに結びついている。これは，アートフィルムと分類されるような映画や，その予告編，ビデオアート，広告，音楽ビデオなどで多く見られ，映像が強く印象に残る要因になっている。本稿では，映像のストーリー的側面について論じると同時に，映像のストーリーの連続性を絶ち，ストーリー以外の側面を強調するために導入されている技法を「切断技法」と名づけ，これについても特に触れる。

1 映画におけるストーリーと切断技法

映画や広告などは，ストーリーとそれ以外の側面が協調する場面と，そうでない場面を融合させ，成立している場合が多い。日本を代表する映画監督である小津の作品の中でも特に有名なものに，「東京物語」があるが，まず，この映画を例に，映画におけるストーリーと切断技法を論じてみよう。

映画では冒頭部分において，出発準備のために荷造りをする場面の後，老夫婦が尾道から，子供たちをたずねて東京にやってくる。映画では，その上京の場面において，荷造りの場面の直後に，図1に示した，東京の風景を撮影したショットが連続して挿入されている。しかし，そこには老夫婦や，後の登場人物は見られない。また，尾道から東京への移動の場面は一切，映像では示されない。尾道の家での荷造りの場面の次に，老夫婦が登場するのは，その子供の東京の家への到着の時点である。受け手は，尾道から東京へ移動したことを，提示された情報を基に，頭の中で補うことによって解釈する。

図1 「東京物語」における東京の風景の連続ショット

これは，映像を「見た後」のプロセスであると言える。もちろん，東京の風景の場面は，ストーリー的な観点から捉えることも可能であろう。だが，それは，東京の風景のショットが挿入されていなくても，解釈可能である。では，ここで提示される東京のショットは，必要のないものであると言えるだろうか。これらの東京の風景の場面では，出来事が生じていないため，ストーリー的な展開はほとんどない。だが，だからこそ受け手は映像の細部に注目して見ることができるとも言える。映像自身がストーリーから離れて，顕在化するのは，このような部分である。出来事の連鎖を断ち切る「切断技法」によって，ストーリー以外の要素を顕在化しているのである。

　以上のような場面は「東京物語」の冒頭部分でも存在する。ここでは，尾道の幾つかの光景が，連続して示される。尾道の光景のショットの連鎖は映画の後半部でも反復され，ストーリー以外の要素が顕在化されている。ただし，この場面は，詳細は省略するが，それ自体が老母の死を象徴しているとも言え，ストーリーの効果の強調にも繋がっている。ストーリー的要素とそれ以外の要素の融合の例である。

　「東京物語」の場合は移動の場面の省略と，それに変わる風景ショットの挿入の例であるが，逆に移動の場面が細かく映像化されている例として，「晩春」の移動の場面をあげることができる。ここでは，北鎌倉から東京への電車での移動を細かく提示していて，ストーリー的な展開は薄いものになっている。その結果，電車の映像自身がストーリーから離れて顕在化している。この場合，切断技法ではなく，ストーリー自体を利用し，ストーリー以外の要素を強調しているとも言える。

　なお，ここで同時に，小津の場合は，ストーリーの切断が映画全編にわたることは無いことにも注意が必要であろう。場面の転換などにおいて，事象以外の側面が強調される場合が多く見られるのだが，事象による結びつきがショット間で存在している部分もまた多い。ストーリー的側面とそれ以外の側面が混在し，相互に影響しあっているわけである。

　小津と異なり，長時間にわたって，ストーリー以外の側面が強調される例としては，キューブリックによる「2001年宇宙の旅」の後半部での「木星と無限のかなた」の場面を挙げることができる。ここでは，宇宙の光景が提

示されるが，それが宇宙船から見たものであるのか，そうでないのかは，厳密にはわからない。また，空間の一貫性も，そこが宇宙空間である，という以外には存在しない。むしろ，一貫性をゆるやかに切断することで，ストーリー以外の要素を強調している。そして，この場合は，ストーリーの解釈などの「見た後」のプロセスよりも，「見ること」そのものを強調している。「2001年宇宙の旅」では，ストーリーを切断することで，画面そのものによる効果が強調されているのである。ここでは，画面上の光や色自体が印象に残るのであるが，それは，受け手がストーリーに関するプロセスを抑制し，画面に集中するからでもある。ただ，同時に，この映画では，全ての場面において，ストーリー以外の要素が強調されているわけではない。「木星と無限のかなた」の場面の直前では，宇宙船上の人工知能HALと，乗組員の間のやりとりが克明に描かれていて，ストーリー的側面が強調されている。映画全体で，ストーリーが強調されているパートと，そうでないパートが混在しているわけである。これは，小津とは異なる，ストーリーとそれ以外の側面の融合例となっている。

　以上で見たようにストーリー以外の側面が強調されるにあたっても何らかの形でストーリーが介在している場合が多い。これは，人が映像を見るにあたってストーリーの理解に関する制約が存在し，それにそって，人は映像に接する場合が多いためでもある。そして，この制約の性質そのものを利用している映像も多い。ここでいう制約とは，映像のショットの連鎖を一貫したストーリーとして心的に再構築しようとする傾向のことである。人には，記憶容量に制限があることもあり，映像の全てを記憶することができない。そのため，映像を認知するにあたって，何らかの形で構造化して，見た部分を頭に残す必要がある。それが多くの場合，ストーリーを基にして行なわれるのである。逆に言えば，この性質を利用して多くの映像は構築されていて，それが「映像文法」になっている。

　映像は，撮影されたショットとショットを編集することにより作成される。そのショットのつなぎ方には例えば下記の方法がある。

①人物の運動に合わせてつなぐ

②視線に合わせてつなぐ
③空間的に離れた場所をつなぐ

　これらの理解にあたっては，人間の認知に依存する要素が大きい。映像単独でその意味が生じるのではなく，ショットとショットの関連づけを，受け手自身が行なうことによって意味は生じているためである。以上のショットのつなぎ方を基にした，一貫したストーリーを違和感なく受け手が認知するための映像の構成法は，経験的な蓄積がなされていて，これがいわば，「映像文法」にあたるものだと言うこともできるだろう（Arijon, 1976）。ただし，映像の大きな特徴として，常に「映像文法」からの逸脱の可能性が残されている点が挙げられる。例えば，前述のショットのつなぎ方の③にあたる，空間的に離れた場所を連続してつないだ場合，それに対する意味は，複数の解釈が可能である。時間が不連続である可能性もある。この操作を意図的に行ない，解釈を一つに定まらせないことを，多くの映像作家が行なっている。
　では，「映像文法」に従って映像に接する場合と，そうでない場合では，どのように受け手のプロセスは異なるのであろうか。また，解釈が一つに定まらない，という場合は，そもそも受け手にその意味を解釈させようとしていると言えるのであろうか。解釈は定まらないが，映像そのものは定まっているのであるから，解釈というよりも，映像を見せること，そのものが目的になっていると言うこともできるのではないだろうか。
　例として，エイゼンシュテインによる，「戦艦ポチョムキン」の「オデッサの階段」の場面の後半部を考えてみよう。これは，ある母親が，階段の上から攻撃してきている軍隊から，乳母車にいる子供を守ろうとする場面である。実際は，母親は子供を守りきることができず，乳母車は階段を転がり落ちることになる。この場合，「戦艦ポチョムキン」がサイレント映画であることもあり，受け手は，ショット間のつながりを「見た後」に意図的に補うことで，軍隊と階段，母親と乳母車の関係を理解する。図2の一番目と二番目のショットの関係は，母親の視線によって（前述のショットのつなぎ方の②にあたる），二番目と三番目のショットの関係は，母親の手による関係によって（前述のショットのつなぎ方の①にあたる），理解することができる。

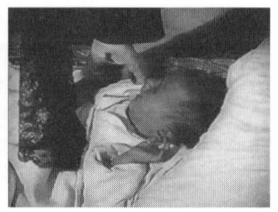

図2 「戦艦ポチョムキン」の軍隊・母親・赤ちゃんのショットの連鎖

しかし，この場面では兵隊と母親が同じ空間で撮影されることが一度もないので，実際のところ，本当に両者が同じ空間にいるか否かはわからない。それでも受け手は赤ちゃんを兵隊から守ろうとしていることを理解することができるのである。出来事に関するショット間の結びつきを，送り手側と受け手側が暗黙的に共有しているためである。

　Eizenshtein（1942）は自身のモンタージュ理論，すなわち編集に関する理論を「展開されるテーマの要素から取り上げた断片Aと断片Bとは，対置されると，テーマの内容をより明確に具象化する一つのイメージを生み出す」と論じている。この理論は，受け手のショット間の結びつきを求める認知的傾向に基づいている。そして，テーマの内容とは，多くの場合，ストーリーに関する事項になる。現在の多くの映像は，エイゼンシュテインの監督作品に見られる様な，極端にショット間の飛躍を大きくさせた編集はなされていない。しかし，展開されるテーマ自体が一貫したストーリーである場合が多い，という意味では，この議論と同種の思想に基づいて映像が構築されているとも言うことができる。だが，映像自体の可能性も，受け手の認知の可能性も，ストーリー以外にも開かれているはずである。映像を認知科学的に分析する場合，Bordwell（1985）に代表されるように，多くは，ストーリーに関連する事項に関心が集まり，それ以外の場合は例外的なものとして分類されてしまう傾向があるのだが，ストーリーに関連する観点のみから映像を分析することは，映像の多様な可能性から遠ざかることにもつながる。この場面においても，ショット間のつながりの観点以外からも映像を捉えることができる。実際，この場面では，最終的に階段を落ちた赤ちゃんがどうなったのかは一切示されず，代わりに，戦艦からの砲撃が描かれる。これは，

図3 「戦艦ポチョムキン」のもともとのライオン像のショットの連鎖

「見ること」そのものを強調する側面が含まれた映像になっているとも言える。

　だが，この映像の受け手の認知について，発話プロトコルや調査票などを用い，実験調査を行なうと，「見た後」のプロセスが「見ること」そのものよりも重視されていることを示す結果となる。確かに，このオデッサの階段の乳母車の落下のシーンでは，ストーリーによるショット間の結びつきが存在する。そのため，受け手が，ストーリーに関する結びつきを重視して，映像に接してしまうのは当然であるとも言える。その結果，映像を「見た後」のプロセスが強調されることになる。しかし，それは変更可能である。例えば，同じショットを利用しても，全く異なる効果を引き出すことができる。金井（2001b）では，この，オデッサの階段の後半部を，あらためて，コンピュータ上でプログラムに基づき，自動編集することにより，ストーリーとしての結びつきを消滅させ，一つ一つのショット自体を強調する映像を構成している。これは，後に触れる切断技法のアプローチに基づいている。その結果，例えば，図3のライオン像の連鎖は図4のような連鎖に置き換えられた。

　この図3のライオン像のシーンは，エイゼンシュテインのモンタージュ理論の中でも，ロトマン（1987）などが論じているように，「目覚めるライオン」として，特に有名なものである。もともとの「戦艦ポチョムキン」では，これは革命側（赤軍）の怒りを象徴するものとして，全体のショットの流れの中で意味づけられている。

　一方，ストーリーのつながりを切断した図4の場合は，その全体の中での意味は剥奪され，ただ，像としてのみ提示されることになる。その結果，シ

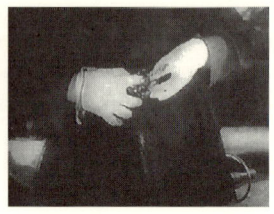

図4 コンピュータによって再構成を行なった場合のショットの連鎖例

ョットの連鎖としてではなく，一つのショットとして際立つことになる。
　他の場面においても，同様に，母親の顔も，顔自体が強調され，「赤ちゃんを守る」という側面は消滅する。ショットの連鎖の意味を「見た後」に考えることよりも，画面を「見ること自体」が強調される。一つ一つのショット自体のインパクトは，この場合の方が高まる。これは，ストーリーにより抑制されてしまう，ショット自体が持っていた潜在的な力とでも言うべきものが顕在化されたからである。
　もちろん，ここで挙げた変形ほど極端にストーリー的要素を剥奪することは，実際の映画では，全編に渡ってはなされていない場合が多い。本節の最初で例を挙げたように，ストーリー的要素と，それ以外の要素は融合されて用いられている。だが，ストーリー以外の要素を切断技法などにより強調することは，見ることそのものの強調につながり，多くの映画中で，部分部分の重要な場面で用いられている。また逆に，ストーリーは，見ることそのものを弱め，「透明化」することができるともいえ，これもまた，認知においては重要な役割を持っている。以上の事項を，認知プロセスの観点から更に細かく見てみよう。

2　映像に関する認知プロセスモデル

　ストーリーと切断技法，さらにその受け手への効果を細かく論じるためには，人が映像を見るときのプロセスのモデル，すなわち「映像に関する認知プロセスモデル」を考える必要がある。映像による効果は認知プロセスを経ることなく生じることはないためである。前節で述べたストーリー的側面を

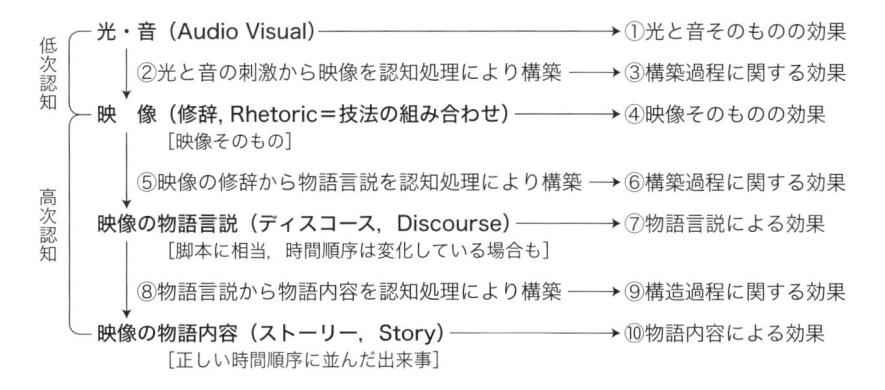

```
        ┌ 光・音 (Audio Visual) ─────────────→ ①光と音そのものの効果
 低次  │      ↓ ②光と音の刺激から映像を認知処理により構築 ──→ ③構築過程に関する効果
 認知  │ 映  像 (修辞, Rhetoric＝技法の組み合わせ) ──→ ④映像そのものの効果
        │      [映像そのもの]
        │      ↓ ⑤映像の修辞から物語言説を認知処理により構築 ──→ ⑥構築過程に関する効果
 高次  │ 映像の物語言説 (ディスコース, Discourse) ──→ ⑦物語言説による効果
 認知  │      [脚本に相当, 時間順序は変化している場合も]
        │      ↓ ⑧物語言説から物語内容を認知処理により構築 ──→ ⑨構造過程に関する効果
        └ 映像の物語内容 (ストーリー, Story) ─────→ ⑩物語内容による効果
               [正しい時間順序に並んだ出来事]
```

効果＝連想, 記憶, インパクト, 緊張感, 違和感, 美しい, 面白い, etc.
新規性・完全性・多面性などの側面がある

図5　映像に関する認知プロセスモデル

重視する場合と, ストーリー以外を重視する場合で, 受け手にとって大きく異なるのはその認知プロセスである。その結果, 受け手への最終的な効果も変化する。そのため, ストーリーとそれ以外の側面の差を議論するには, 認知プロセスに注目するのが適している。

映像に関する認知プロセスの全体の流れをモデル化すると, 図5のように示すことができる。この流れは, 大きく二つに分類することができる。ある視点設定で映像に接することで認知を行なう「映像を見る瞬間のプロセス」と, 映像の修辞の認知を基にストーリー理解などを行なう「映像を見た後のプロセス」の2種類である。この二つのプロセスは映像を見る時は同時に生じさせることができる。

さらには, 「映像を見る瞬間のプロセス」も, 視覚的・聴覚的なプロセスそのもの (図5の①から③) と, そのプロセスによって構築された一つ一つの画面や音に注目するプロセス (図5の④から⑥) がある。また, 「映像を見た後のプロセス」も, 出来事がどのような順番で映像上に生じているかを解釈するプロセス (図5の⑤から⑦) と, 出来事間の省略や順序の変化を補い, 映像全体のストーリーを構築しようとするプロセス (図5の⑧から⑩) の二つを考えることができる。「映像を見る瞬間のプロセス」は図5の①～⑥まで, 「映像を見た後のプロセス」は図5の⑤～⑩までが関係する。⑤と

⑥のプロセスが,「映像を見る瞬間のプロセス」と,「映像を見た後のプロセス」をつなぐ位置づけになる。出来事をその瞬間で捉えるか,前後のつながりから捉えるかで,「映像を見る瞬間のプロセス」と,「映像を見た後のプロセス」のどちらを重視するかが変化するわけである。また,全てのプロセスを均等に行なわないこともできるし,あるプロセスを抑制することもできる。極端に言えば,映像を見ている時に目をつぶってしまえば,①のプロセスを抑制することもできるわけである。

　前述の「映像文法」とされているものは,「映像を見た後のプロセス」に大きく関係している。そして,「映像を見た後のプロセス」を抑制することで,はじめて受け手は,画面そのものの細部など,ストーリー以外の側面を細かく注目できるようになる。逆に言えば,「映像を見る瞬間のプロセス」は「映像を見た後のプロセス」に抑制されがちなのである。

　抑制が生じるのは,受け手が,映像を見る瞬間のプロセスと見た後のプロセス,全てを均等に処理することが難しいことが理由である。全体のストーリーに注目して映像に接すれば,ショットの細かい事項に注意を払うことはできない。逆に,ショットの細部にばかり注意を払っていると,ショット間のつながりがわからなくなってしまう。もちろん,映像を見ることに慣れた,一部の受け手は,両方ができる場合もある。だが,多くの受け手はそのような見方はしないことが金井（2000, 2001a）などの実験により判明している。

　「映像を見る瞬間のプロセス」の方向性は,受け手の視点設定によって,決定される。ここでの視点とは,受け手が映像に接するにあたっての関心事である。映像は画面に含まれる要素が多過ぎるので,画面のどの要素にどの様に対応し,他のショットとの関連づけを行なうかについて,受け手は,意識的にしろ,無意識的にしろ,あらかじめある程度視点設定をしておく必要がある。受け手はある視点を基に映像に接し,それを心的に再構築してストーリーや映像自体の理解・鑑賞を行なっている。これによって,映像文法にも対応可能になる。またその一方で,映像には多くの場合,視点設定の明示的な指示は存在しないので,受け手は様々な視点をとることができ,同じ映像であっても,撮影の視点から接することも,編集の視点から接することもできる。しかし,金井（2000, 2001a）などの実験から,多くの受け手は,

事象の連続性に注目して，映像に接することが多いことが判明している。たしかに，ストーリー重視の映像に対しては，視点設定が映像上の「事象」であれば適切な認知処理が可能であるし，それを前提として制作されている映像も多い。だが，この受け手の視点設定の傾向は，ストーリーを重視している映像だけでなく，ストーリーを重視していない映像に対する場合でも同様である。しかし，映像では，ストーリー以外の側面が強調されている場合があり，この場合，受け手は，それに対応した視点設定が必要になる。

　映像の種類によって，望ましい視点設定は異なる。ストーリー中心に映像が組み立てられている場合は，ストーリーを理解するような視点によって映像を見ることで，違和感なく映像に接することができる。しかし，ストーリー以外の側面が重視されている映像に接するには，ストーリーの理解に関するプロセスは必要がない場合がある。ストーリー理解が重視されていない映像に接しながら，ストーリーを理解に関するプロセスを生じさせても，ストーリーが十分に判別できなかったり，判別できる場合でも，物足りなく感じられたりする。その結果，映像に対する満足度や関心度，面白さなどの評価は低くなる。映像の種類によっては，ストーリー理解に関するプロセスを生じさせないことも重要になるのである。その結果，「見る瞬間」のプロセスを重視することができ，ショットの細部に関心がいくようになる。つまり，ストーリー理解に関する認知プロセスを意図的に行なわなくすることが求められる場合もあるのである。これは，場合によっては受け手が意図的に視点操作を行なう必要があるとも言い換えることができる。映像がストーリーを重視している場合は，映像を「見た後」のプロセスによる効果を送り手は期待していると言えよう。しかし，送り手側は映像を「見る瞬間」のプロセスによる効果を重視する場合もある。その場合は，受け手は，「ストーリー理解に関する制約の緩和」，すなわち一貫したストーリーの理解をしなくてもよいような状態を作る必要があると同時に，「視点の再設定」，すなわちストーリーに関連する視点から離れ，映像上の「物」や「雰囲気」に対して視点の再設定をする必要があるのである。だが，そのプロセスの切り替えを受け手は行なわない場合が多い。その切り替えを行なわせるための方法論が必要になるのである。これについては，次の二つの節で扱う。

では，ストーリーに関するプロセスを行なわないことで，どのような効果が強く生じるのであろうか。これは，広告で言えば，広告自体の雰囲気や物に注目し，そのブランドイメージやブランド自体により深く接する場合の効果になる。ストーリーに関するプロセスを抑制することで，より強いイメージをブランドに関連させた形で残すことができる。

また，映画で言えば，一つ一つのショット自体を強調させた場合の効果である。前節で扱った，オリジナルのオデッサの階段と，変形されたオデッサの階段では，全体を強調するか，一つ一つのショットを強調するかの差があり，顔の表情自体や，混乱，切断，変化の存在自体が，より強調される。さらには，切断を通して，ストーリーの存在の意義を逆に強く意識させることもできる。

3 切断技法と認知

ストーリーの連続性を切断し，ストーリー以外の側面を強調するためには，どのような技法があるだろうか。このための技法を本稿では「切断技法」とよんだ。これを本節では網羅的に扱ってみたい。そのためにまず，ショット内の要素の関係，および，その次のショットの要素との関係を考えてみよう。

映像の要素として，Chatman (1990) は，「映画的語り手」の中では以下のものを挙げている。本稿でも，これを基に考察を行なう。

　事　　象：時間，空間，役者（外見，演技），物
　イメージ：編集，撮影（照明，色，カメラ［距離，アングル，動き］，
　　　　　　演出）
　　　　音：声，音楽，ノイズ

これを基に，連続する二つのショットを考慮すると，図6の①～③のような要素の間の関係が存在する。切断技法は，以上の要素をショット間で非連続化させるか，ショット内で非合理化（素材映像やリアリズムにおいて前提とされている映像のショット内の要素の関係を崩すこと）することによりも

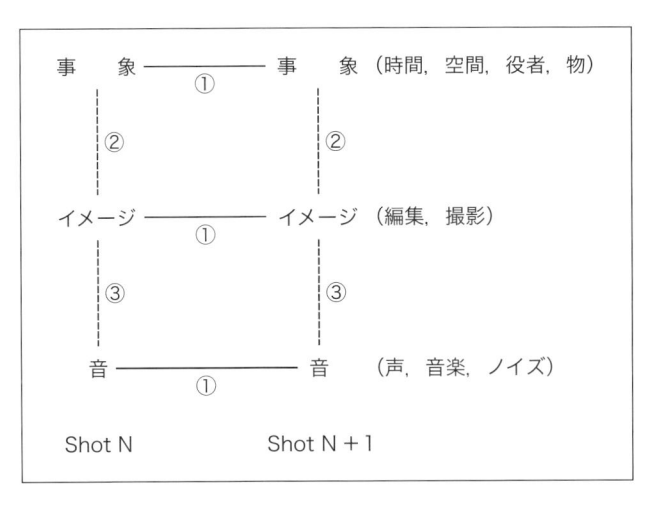

```
事　象 ──①── 事　象　（時間，空間，役者，物）
     ┊②        ┊②
   イメージ ──①── イメージ　（編集，撮影）
     ┊③        ┊③
     音 ──①── 音　　　（声，音楽，ノイズ）

   Shot N      Shot N＋1
```

図6　ショット間の要素の関係

たらされる。

　具体的にいえば，多くの映像で見られるのは，以下の技法であり，図6中の数字にも対応している。

①事象の連続性を壊すことにより，編集そのものを強調
②同一の対象を繰り返して撮影することにより，イメージそのものを強調
③音声・視覚相互間の関連性をなくすことにより，音そのものを強調

　例えば，ゴダール[2]の作品中では，上記で「切断技法」として論じた全てのアプローチが用いられている。受け手の認知は，ショット間の共通性と変化やショット内の非合理性に基づき，生じる。多くの映像では，事象に関する共通性が見られるため，受け手は事象に注目して映像に接する。逆に事象に注目させず，「見る瞬間」のプロセスを強調するためには，例えば，事象の共通性をなくすことが必要になるわけである。これをさらに細かく見ていこう。

　まず，図6の①のショット間の関係を基に，非連続性を設けることができる。例えば，ショットが変わるごとに撮影の技法を変更する場合や，空間を

変える場合などがある．ショット内それぞれの要素に関し，連続する複数ショット間で非連続性を設けることができる．ただ，実際の映像では，全ての要素に非連続性を設けることまではなされていない場合が多い．受け手にはストーリーに関する出来事の一貫性が見つけられない場合は，それに代わるショット間の何らかの共通性を求める性質があるため，共通性を発見できないと，違和感のみが受け手に残ってしまうためである．違和感を残すことを目的としていれば，それでも良いのであるが，多くの映像ではそれはそぐわない．また，緩やかに非連続性を導入する場合は，ショットが変わる毎ではなく，数ショット毎に，要素の非連続性が適用されている映像も多くみられる．

また，連続するショットの要素間に非連続性が一切見られない場合でも，図6の②のような同一ショット内の要素間の関係を非合理化することによっても，ストーリー以外を強調する技法になりえる．これはまず，事象とイメージの関係を非合理化する場合をあげることができる．例えば，色や再生速度を変更する場合や，反復を用いる場合など，リアリズムに反する技法を用いる場合が相当する．

さらに，図6の③の音声・視覚相互間の関連を非合理化する場合もあげることができる．これは，画面に対応しない音を用いる場合や，音を途中から無音に移行させる場合などが相当する．

なお，先の節で触れたように，ストーリー以外を重視している映像に対しては，受け手はストーリー理解の制約の緩和と視点の再設定を行なう必要があるが，そのための方法を，映像中にあらかじめ内包することが必要になる場合もある．これは金井（2000, 2001a）のゴダールやパラジャーノフ[3]などの映像を用いた様々な実験結果が示していることなのであるが，受け手は「切断技法」だけでは，視点の再設定まではできない場合が多い．そのため，ストーリー理解の制約の緩和と視点の再設定が，直接的に指示される場合がある．これは受け手の視点を字幕やテロップ，台詞や，出来事を利用して，誘導することなどを例として挙げることができる．このために，広告では，商品のロゴなどを冒頭部分に出すことが多い．また，テレビなどのテロップの役割も，視点の再設定のためだと言うことができる．さらには，ストーリ

ー自体を利用して，ストーリー理解の制約の緩和と視点の再設定をさせている場合もある。これについて，次に見てみよう。

4 ストーリーと認知

　ストーリーの役割は，その伝達だけではない。例えば広告では，ストーリーは，その表現が目的となるだけでなく，受け手に映像に接しやすくするために用いられている場合が特に多く存在する。ここで，広告を例に，ストーリーの認知における役割を，再度まとめてみたい。ストーリーを利用するにしろ，その理解に関するプロセスを抑制するにしろ，広告の送り手にとって，ストーリーをどう扱うか，さらには，それをどのように切断するかが一つのポイントになっているためである。

　テレビ広告の目的は，当該ブランドに関する知識・イメージを何らかの形で受け手に残すことであると言えよう。これは広告上のストーリーとは必ずしも，関係がない。しかし同時に，テレビ広告においてストーリーを重視する必要がないというわけではない。ストーリーが最初の数ショットに存在しない場合は映像に受け手を十分に引き付けることができない場合が多いし，ストーリー自体を利用して視点の再設定をさせる場合も広告においては多く見られるためである。

　テレビ広告の冒頭場面を考えてみると，ストーリーに関して三つのタイプを考えることができる。ストーリー設定と広告対象のブランドとの関連が不明な場合・ストーリー設定とブランドとの関連が存在する場合・ストーリー設定がない場合である。そして，そのストーリーの三つのタイプそれぞれで，対応する受け手の認知プロセスが異なる結果となる（金井・加藤，2001）。

　ストーリー設定と広告対象のブランドとの関連が不明の場合は，その広告のストーリーが印象に残ったとしても，何のブランドについての広告だったのかが記憶に残らない場合が多くある。ストーリーとブランドの関連づけの戦略が，当該のテレビ広告以外に，雑誌広告や店頭広告などで，十分に存在していれば，それでも良いのであるが，そうでない場合は，不適切な広告となってしまう。これは，ストーリー理解の制約の緩和に対する戦略が存在し

ていない場合にあたり，ストーリーの伝達そのものが目的となる場合である。ブランドとの関係が不明なストーリーばかりが先行し，そのストーリーが目的化してしまった場合，ストーリーの理解に関する認知プロセスばかりが生じ，結果としてブランドに関するプロセスが抑制され，そのブランドの購買にはむすびつかない可能性が高い。面白い広告・評価される広告が，必ずしも売上にむすびつかない場合が多いのはこのためである。確かに，紙媒体のものなども含めた広告キャンペーン全体を，関連づけて記憶に残させるために，ストーリーを用いることができるのであるが，それを同時に切断することも必要になる。

　逆に，ストーリーが十分に存在していない場合，受け手の，ストーリーを理解しようとして接する認知的性質に反するため，受け手を十分に引き付けることができない場合がある。受け手は，自らストーリーに関連する事象以外に視点設定を変更するとは限らない。視点設定できない場合は，何の効果も生じることがない。切断技法を用いるだけでは，適切な効果を生じさせることができないこともあるのである。

　ストーリー設定とブランドとの関連が存在する場合，ストーリーは，映像に受け手を十分に引き付ける役割を持っている。この場合も，広告の最初の部分でのみ，ストーリーを用い，後は，事象の切断やテロップ，音楽など切断技法の組み合わせによって視点の再設定をさせ，ブランドやそのイメージを強調させている広告と，さらにストーリー自体を用いて，視点の再設定をさせ，ストーリー以外の側面を強調している広告がある。後者の技法について次にまとめてみよう。

　これは例えば，以下のようなものが考えられ，広告だけでなく，映画においても見られる。

①スローモーションの導入などによって視点を映像の細部に向けさせる
②カメラの動きなどによって視点を映像の細部に向けさせる
③音の挿入などによって視点を映像の細部に向けさせる
④せりふ・テロップなどによって映像の細部に向けさせる

以上は，とくに送り手が強調したい場面でのみ「見る瞬間」を強調する場合であり，ストーリーと連動することで受け手の視点の操作は行なわれる。特に，ホラー映画，アクション映画などでは，以上の技法とストーリーを組み合わせて，「見る瞬間」を強調している場面が存在する。

　映画ではさらに，日常場面の強調や，ストーリーの停滞により，ストーリーの処理を容易にし，「見た後」のプロセスをあまりさせない場合もある。また，よく知られたストーリーを利用することで，ストーリー処理の負荷を低くする場合もある。その結果として，「見る瞬間」のプロセスも，受け手に意識的に実行させるのである。

　ただ，映画などにおいては，広告に比べ，ストーリー以外の側面が強調される部分が含まれる場合でも，それが全編にわたる場合はまれである。そのため，ストーリーに対する戦略は，先にも論じたように，広告とはやや異なる。ストーリー以外の側面を主眼としていても，一貫したストーリー自体は存在し，部分において，一つのイメージに還元されない視覚的音響的な状況を出現させ，ストーリーはその状況に受け手を接しやすくさせるために用いられている場合が多い。一貫したストーリーによって，映像自体による認知的効果を強調させているのである。

5　広告におけるストーリーと切断技法

　最後に，ストーリーと切断技法の広告における役割について，あらためて，あるブランドの口紅のテレビ広告の具体例をもとに扱い，本稿のまとめとしたい。

　例えば，図7の2001年度の秋のテレビ広告では，ブランドに関連したストーリーが存在し，海の近くの部屋で広告タレントが口紅をさしている状況が描写される。ストーリーを受け手を引き付けるために使用しているのである。さらに，広告の中間部で，その一貫性が切断されている。これは，テロップにより唇が強調された後に，流れていた音楽が中断され，同時に，空間が室内から海の中へと変化することで成されている。この場合，受け手は音

図7　2001年度秋の広告中の連続する4ショット

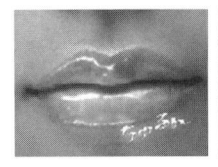

図8　2002年度春の広告中の連続する4ショット

楽の中断により，新たな視点設定が必要になるため，映像への関心度が特に上昇する。ただし，この場合，再び，広告タレントが室内にもどるため，逆に，受け手は，ストーリーの一貫性に注目する傾向がある。切断はなされているのであるが，それが，ブランドに関するプロセスよりも，ストーリー理解のプロセスを強化してしまうケースになっている。

　同一ブランドの図8の2002年度の春のテレビ広告では，ストーリー性は薄くなり，全編にわたって切断技法が用いられている。事象は，ほとんど展開することはなく，テロップで唇が強調された後，広告タレントが，様々な角度から写される。このブランドでは，前回から，広告タレントの変更があったため，それを強調する技法が用いられている。この場合，ストーリーの一貫性は切断されているのであるが，逆に，広告タレントの一貫性が切断されていないため，広告タレントのみに関心がいってしまう恐れがある。広告タレントのプロモーション映像としては適切であるが，ブランドに対するイメージは残らない可能性がある。ブランドと人物に対する関連づけを，テレビ広告以外で行なう必要があるケースになっている。

　同様に広告タレントの変更があった，同一ブランドの図9の2003年度の春のテレビ広告では，ストーリーを切断するだけでなく，広告タレントへの注目をも，切断するような工夫がなされている。ここでは，連続するショット内で，出来事を切断するだけでなく，唇の場面で，音の変化があるなど，

図9　2003年度春の広告中の連続する4ショット

登場人物への焦点化を避ける技法が用いられている。また，撮影対象を，全体から，次第に唇に移すことにより，広告タレントのみに一貫性が生じる事態を切断している。この場合はストーリーおよび広告タレントに対する視点のみが受け手に継続することを避ける技法が用いられていると言える。

　このように，シーズン毎にタレントが変わるだけでなく，切断技法の用いられ方も変化していて，その結果，受け手に生じる効果も大きく異なるものとなっている。切断技法をどのように用いるかが広告の場合は重要になっているのである。一般に，面白い広告が，商品にとって有効な広告であるとは限らない。前述の口紅のようなカテゴリーの広告は，面白い広告としては記憶に残ることは少ないであろうし，広告に関する賞などでは評価されることも，あまりないかもしれない。しかし，切断の用い方の差により，その効果が様々に異なることになる。広告におけるこの種の側面は，まだ十分に注目されていないが，広告効果の最も重要な側面の一つになっている。

　広告においてはその長さが15秒や30秒などと限られているうえに，他の種類の映像に比べ受け手の視点設定を制作者の意図通りに行なわせる必要性が高いため，ストーリーと切断技法が映画など以上に重要になる場合が多いのである。映画，特にアートフィルムと分類されるようなタイプの映画では受け手に自由度が残されている場合が多い。この場合，切断技法を用い，出来事を不連続にさせているのは，解釈の自由度を高めるためだとも，「見る瞬間」のプロセスを強調するためだともいえる。しかし，広告の場合は，ストーリーを切断した場合は，ブランドの存在を明確にする必要がある。アートフィルムではストーリー以外が強調されている場合でも，受け手が自から視点を変更していくことも重要になる。一方，広告の場合は，ブランドイメージを受け手に残すにしろ，ブランドの機能を残すにしろ，受け手にブランドとの関連づけ自体は行なわせる必要があるため，解釈の自由度は低くなる。

ただ、この解釈の自由度が高い場合の方が、広告自体の映像作品としての評価は高まると言えるかもしれない。自由度を低くするとは、映像によって、ストーリー理解に関する制約を緩和し、視点の再設定を確実に行なわせることを指し、そのためにストーリーやテロップ、ロゴや音楽が導入されている。アートフィルムでは、視点の再設定を行なうことができず、違和感のみが受け手に残ることもある。そして、その違和感こそが、作品の目的である場合もある。しかし、広告では一般にそれは望ましくない。芸術作品では受け手に自由度が残されている場合が多く、受け手の違和感の完全な解消の方略までも含めては、映像が構築されていない場合がある。しかし、広告においては、ブランドに関する知識を残すことや、変化させることが求められるため、受け手に、確実にブランドに関連した視点に設定させる必要がある。広告によって受け手にブランドに関する効果を生じさせるためには、視点の再設定ができない状態を避けるための、切断技法とストーリーを組み合わせる方法論が重要になるのである。

おわりに

映像のメディアとしての性質は、非中枢的側面が強い。これは、映像は機械を介さずには制作することができないために、必然的に生じる性質だと言える。これを中枢的にする、言い方を変えれば、人間の側に近づけることが、ストーリーの役割の一つだとも言える。しかし、人間の側に近づけることによって、映像本来の可能性は逆に狭まる、とも言うことができる。こうした事項に関する探求はまだ現状の映像認知の研究では不十分である。しかし、ストーリー以外の側面は、見る瞬間のプロセスを重視させることによって強調されるため、認知の問題と大きく関わっている。映像メディアの可能性を網羅的に顕在化させる上では、この不十分な部分に関する理論を認知プロセスの観点から構築していく必要がある。本稿でふれた切断技法は、その不十分な部分へのアプローチの一つである。

切断技法は、コンピュータによる映像の自動編集にも適用でき、本稿でも触れたオデッサの階段の変換の他にも、Kanai (2003) や Kanai & Ogata

(2004b) などで，映像の非中枢性の網羅的な顕在化を試みている。また，同時に，ストーリー的要素と切断技法を融合させた自動編集についての探求も Kanai & Ogata（2004a）などで行なっている。これは，送り手または映像そのものの立場からの探求であるが，ここで構成された映像を基に受け手に対し実験を行なうことで，受け手の立場からの，映像認知の更なる探求も可能になる。

本稿では主に，受け手側の立場から，見る瞬間のプロセスと見た後のプロセスの交互作用とその要因の探求を行なった。これをさらに言い換えれば，現在（映像の場合は見る瞬間のプロセスに関連）と記憶（映像の場合は見た後のプロセスに関連）の交互作用とその要因の探求であるとも言えるので，映像以外の様々な領域においても，ストーリーと切断技法の認知における役割を探ることができるであろう。

注
1) 物語内容ではなく，ただ物語（Narrative）という場合はストーリー的な側面とストーリー以外の側面の両者を指すこともある。
2) フランスヌーベルバーグの代表的監督。「勝手にしやがれ」「気狂いピエロ」「映画史」など多数の作品を発表。金井（2001a）では，「カルメンという名の女」を用いた実験を行なっている。
3) 映画表現の過激さから，ソ連政府から弾圧を受け続けた映画監督。「火の馬」「アシクケリブ」「スラム砦の伝説」などの作品を発表。金井（2000, 2001a）では，「ざくろの色」を用いた実験を行なっている。

参考文献
金井明人（2000）「映像認知における修辞と視点の役割」（『認知科学』第 7 巻第 2 号）172-180 頁。
―――（2001a）「映像の修辞に関する認知プロセスモデル」（『認知科学』第 8 巻第 2 号）139-150 頁。
―――（2001b）「映像修辞と認知・コンピュータ」（『認知科学』第 8 巻第 4 号）392-399 頁。
―――・加藤雄一郎（2001）「広告映像修辞が受け手の認知プロセスに及ぼす影響」（『広告科学』42 号）87-100 頁。
―――・小方孝・篠原健太郎（2003）「ショット間の同一性と差異に基づく映像修辞生成」（『人工知能学会誌』18, 2-G）114-121 頁。
ロトマン, Y. M.（1987）『映画の記号論』大石雅彦訳，平凡社。
Arijon, D.（1976），*Grammar of The Film Language*. Focal Press Limited（『映画の文

法　実作品にみる撮影と編集の技法』岩本憲司・出口丈人訳，紀伊國屋書店，1980 年).
Balázs, B. (1949), *Der Film, Wesen und Werden einer neuen Kunst.* Wien: Globus-Buchvertrieb (『映画の理論』佐々木基一訳, 學藝書林, 1992 年).
Bordwell, D. (1985), *Narration in the Fiction Film.* Madison: University of Wisconsin Press.
Chatman, S. (1990), *Coming to Terms.* Cornell University Press (『小説と映画の修辞学』田中秀人訳, 水声社, 1998 年).
Eisenshtein, S. M. (1942), *The Film Sense.* New York, Harcourt Brace (『エイゼンシュテイン全集 7』田中ひろし訳, キネマ旬報社, 1981 年).
Kanai, A. (2003a), Non-Story Type Film Rhetoric and Cognitive Effects. *Proceedings of the Fourth International Conference on Cognitive Science*, pp.259-264.
――― & Ogata, T. (2004a), Aspect of Non-Story Processing and Film Rhetoric Composition in the Narrative Generation Mechanism. *Proceedings of the Ninth International Symposium on Artificial Life and Robotics*, pp.162-165.
――― & Ogata, T. (2004b), Non-story Processing on the Film Rhetoric Composition System. *Proceedings of* 18*th Congress of the International Association of Empirical Aesthetics*, pp.433-436.

第5章　イベント・メディア化するテレビ
「ウォーターボーイズ」論

丹羽　美之

1　「男子シンクロ」ブーム

　2004年夏，東京・お台場で，ちょっと変わったスポーツのイベントが初めて開催された。その名も「全国高校ウォーターボーイズ選手権」。一言で言うと，男子高校生によるシンクロナイズドスイミングの全国大会である。会場となったフジテレビ前の特設プールでは，夏の青空の下，真っ黒に日焼けした男子たちが華麗でアクロバティックな演技を次々に披露し，大勢の観客を沸かせた。

　「男がシンクロナイズドスイミング？」と疑問に思うかもしれない。確かに「男のシンクロ」と聞けば，最初は誰もが「キワモノ」を想像するだろう。クラシック音楽に合わせて水中で美しく舞い踊り，新体操のように技の完成度，同調性，芸術性を競う水泳種目がシンクロナイズドスイミングである。この華麗なスポーツと水着姿の男はどう見ても不釣合いだ。水面からすね毛だらけのごつい男の脚が何本も伸びているのを想像するだけで，笑いがこみ上げてきそうである。

　実際，これまでシンクロは女子のスポーツと考えられてきた。このスポーツが一般的に認知されるようになったのは，1984年のロサンゼルス・オリンピック以降のことである。この時，初めて女子シンクロが五輪種目として正式に採用された。それ以来，現在までシンクロは女子のみが夏季の五輪種目になっている。そのせいもあって，「シンクロは女子のもの」という考えが何となく私たちの常識になっていた。

　この常識を覆したのが，2001年に公開された映画『ウォーターボーイズ』とそれに引き続いてフジテレビで放映された同名の連続テレビ・ドラマ（『ウ

ォーターボーイズ』2003 年 7 月～9 月,『ウォーターボーイズ 2』2004 年 7 月～9 月）である。すでによく知られているように，これらの作品は，シンクロナイズドスイミングに挑戦する男の子たちの青春物語をコミカルかつ爽やかに描いて，大きな話題になった。廃部寸前の男子高校水泳部が，高校生活最後の夏をかけて文化祭のシンクロ公演に大真面目に取り組む，という筋立ての面白さだけでなく，最後に彼らが見せるシンクロの感動的な演技も，この映画やドラマが人気を集めた理由のひとつだろう。

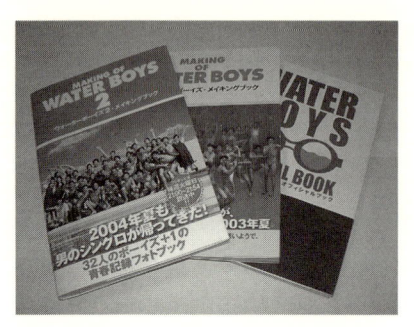

図1　テレビ・ドラマ『ウォーターボーイズ』シリーズの本

　そして今やこの「男子シンクロ」はちょっとしたブームになっている。映画やドラマのヒットを受けて，関連グッズや書籍・DVD が大きな売り上げを記録したことは言うまでもない。それ以上に興味深いのは，一般の人々の中から，ドラマを真似て「男子シンクロ」に挑戦する人々が次々に現れ出したということである。冒頭のイベントを主催・放送したフジテレビのホームページによると

　　映画・テレビの「ウォーターボーイズ」がきっかけとなり，男子シンクロを新しいスポーツとして，部活動などに取り入れる学校が増えてきている。さらに文化祭などで男子シンクロを披露している学校は全国で 50 校以上にものぼるという。大学の同好会やスイミングスクールなどもあわせると，全国に何百・何千人ものウォーターボーイズが棲息している[1]

という。先の「全国高校ウォーターボーイズ選手権」は，そうした「ボーイズ」を全国から集めて，いわば「男子シンクロ」の「甲子園」をやってしまおうという試みなのである。それはまさにテレビ画面の中から「ウォーターボーイズ」がそのまま飛び出してきたようなイベントであった。

言うまでもなく，この「男子シンクロ」をめぐる一連の展開は，フジテレビが主導権を握って作り出した典型的なメディア・イベントのひとつである。しかし，単にメディアの側が一方的にこのブームを作り出したのではない。シンクロに取り組む男子がこれほど現れたことは，作り手の予想をも上回る出来事だったようだ。この章では，このメディア・イベントとしての「ウォーターボーイズ」に注目して，テレビと現代社会の関係を考えてみたい。

　以下では，まずメディア・イベントという概念について簡単に整理しておこう。吉見俊哉によれば，メディア・イベントという概念は次の三つのレベルで捉えることができるという[2]。

　第一に，メディアが主催する事業・興行としてのメディア・イベント。これまでもしばしば新聞社や放送局は自らの事業の一環として数々のイベントを主催してきた。博覧会や展示会，講演会や音楽会，スポーツ大会や将棋・囲碁戦など，数え上げればきりがない。これらのなかには，甲子園で春夏に行われる高校野球大会のように，歴史的に見れば大正期に大阪毎日新聞社と大阪朝日新聞社が始めたメディア・イベントでありながら，すっかり人々の間に定着してしまったものもある。

　第二に，メディアによって大規模に中継され，報道されるイベントとしてのメディア・イベント。この場合，イベントの主催者は必ずしも新聞社や放送局とは限らない。たとえば，戦後日本のテレビは，皇太子成婚パレードから，東京オリンピック，アポロ11号の月面着陸，東大安田講堂の攻防，浅間山荘事件にいたるまで，様々な社会的・政治的事件を中継し，壮大な見世物に仕立て上げてきた。自身が事業主体である場合も，そうでない場合も含めて，マスメディアはそれらを繰り返し報道・宣伝することで，国民的イベントとして成立させてきた。

　第三に，メディアによって構成された現実としてのメディア・イベント。これについては，少しわかりにくいので，説明が必要だろう。マスメディアはかつて，広く社会の現実を映し出す「鏡」であり，現実をありのままに反映するものと考えられていた。しかし，現代のようにマスメディアが高度に発達してくると，メディアと現実の関係が逆転し始める。今や現実はこの「鏡」に映し出されるものによってのみ定義される。現実が先にあってそれ

をメディアが映し出すのではなく，メディアが現実に先行し，現実の輪郭をかたちづくる。テレビは単に「現実を反映」するのではなく「現実を生産」する主要な要因のひとつとして機能するのである。この最広義のメディア・イベントは，メディアと現実の関係が逆転した私たちの生活世界の構成原理そのものである[3]。

後に詳しく見るように，「男子シンクロ」ブームは，これらの三つのレベルが相互に絡まりあいながら成立している。その意味で，典型的なメディア・イベントである。もちろんこの「男子シンクロ」という新たなスポーツが，今後日本に広く普及・定着していくのか，それとも一過性のブームとしてはかなく消えてなくなるのか，現段階ではわからない。しかし，少なくとも言えることは，テレビが主導権を握るかたちで，視聴者を巻き込みつつ展開するこうしたメディア・イベントは，メディア企業の戦略上もますます無視できない存在になりつつあるし，現代的なテレビ文化のあり方を考える上でも，非常に重要な鍵になるということである。

これまでしばしばメディア・イベントの研究と言えば，オリンピックや皇室儀礼など世界中あるいは国中の関心を集める非日常の大規模イベントを中心に行われてきた[4]。しかし，現代のマスメディアでは，小規模なメディア・イベントが無数に仕掛けられては，次々に姿を消していく。テレビにおいても，メディア・イベントの手法があらゆる番組に応用され，その全体を日常的に覆っている。テレビそのものがイベント・メディア化していると言ってもよい。

このイベント・メディア化したテレビの実態を捉えるためには，旧来の番組（テキスト）中心の分析方法では十分ではない。もはやテレビ番組は二次元のテレビ画面の中だけでは完結しない。イベント化するテレビは，「ウォーターボーイズ」のようにこの私たちが生きている三次元の世界に向けて飛び出してくる。それはいわば「飛び出す絵本」ならぬ「飛び出すテレビ」だ。リビングにあるテレビ受像機の前に座ってテレビ番組を作品として観賞する視聴者，という古いモデルに則って，番組の内容分析や受容分析をしているだけでは，おそらくこのような現代的なテレビ文化のあり方は明らかにできないだろう。家庭においてテレビ番組がどのように見られているかというこ

とだけではなく，テレビが演出するイベントが社会的にどのように受け入れられているのかということにまで拡張して，テレビのある風景を捉えていく必要がある。

　この小論の目的は，「ウォーターボーイズ」というメディア・イベントを手がかりにして，現代のイベント・メディア化したテレビ文化のあり方を明らかにすることにある。「ウォーターボーイズ」をめぐる一連のプロセスは，テレビがイベントを主催し，宣伝し，世界を演出していく仕組みをわかりやすく示してくれる。テレビが主導権を握りながら，新しいイベントを誕生させていく時，そこに他のメディアがどのように関わるのか。テレビは，番組を超えたレベルで人々の身体をどのようにテレビのイメージの中に巻き込んでいくのか。そのときテレビ局という地理的空間がどのように積極的な役割を果たしていくのか。こうした事柄について以下に考えてみたい。

　まず次節では，『ウォーターボーイズ』の映画化・ドラマ化にいたる経緯を，フジテレビの企業戦略を中心にたどることにする[5]。

2　映画に参入するテレビ

　すでによく知られているように，「ウォーターボーイズ」のもとになった「男子シンクロ」は，埼玉県立川越高等学校の水泳部から始まった。この川越高校で毎年9月に「くすのき祭」という文化祭が開かれる。この文化祭限定の演目として，水泳部が男子シンクロ公演を行い，地元でちょっとした人気になっていた。これが「ウォーターボーイズ」の元祖である[6]。

　そもそも川越高校水泳部が文化祭でシンクロ公演を始めたのは，1988年。きっかけのひとつに，男子校だから文化祭に女子を呼びたいという「不純」な動機もあったようだ。最初はプールで組み体操をするかのような単純な出し物だったが，次第に音楽的演出が加わるようになり，本格的なパフォーマンスへと進化していった。その後NHKやテレビ朝日系『ニュースステーション』などで，この水泳部のシンクロ公演が取り上げられ，広く知られるようになった。彼らをモデルにした映画化の話が持ち上がったのは，1999年のことだったという。

こうして制作された映画『ウォーターボーイズ』（監督・脚本＝矢口史靖，主演＝妻夫木聡，91分）は2001年に公開され，予想外のヒットとなった。ひと夏の青春をシンクロにかけた高校生たちの切なくて爽やかな物語に加え，合計58回に及んだ舞台挨拶など，手作り感覚も若者たちの人気を呼び，小規模館から口コミで異例のロングラン・ヒットへとつながっていった。その後，第25回日本アカデミー賞で優秀作品賞をはじめとする8部門を受賞するなど，『千と千尋の神隠し』や『GO』と並んで，その年の国内映画を代表する話題作のひとつとなった。

　ここで指摘しておかなければならないのは，すでにこの段階で，フジテレビは，映画の製作主体としてしっかりこの『ウォーターボーイズ』に関与していたということである。テレビ局であるフジテレビは，製作プロダクションである「アルタミラピクチャーズ」，映画の配給元である「東宝」，広告代理店「電通」とともに，この映画の「製作」に名を連ねている。これはフジテレビがこの映画に「金」も「口」も出すスポンサーであることを意味する。メディア・イベントとしての「ウォーターボーイズ」はすでに映画化の時点で始まっていたとも言えるのだ。

　フジテレビ内で当時こうした業務を扱っていたのが，フジテレビ映画部（2003年7月より映画事業局に改編）である。フジテレビの会社案内を見ると，同社が映画事業に寄せる期待の大きさがよく分かる。

> フジテレビは全国的な大規模公開で大成功した「踊る大捜査線 THE MOVIE 2 レインボーブリッジを封鎖せよ！」（2003年）や，小規模の公開から話題性を喚起して成功を収めた「ウォーターボーイズ」（2001年）など，柔軟な戦略で数々の成功を収めています。
> ちなみに2003年に国内で公開された全映画の興行収入は約2000億円／622本。フジテレビ関連の映画は11作品で300億円以上の興行収入を上げています[7]。

　フジテレビが関係したわずか11本の映画だけで国内映画興行収入全体の15％を占めているというのだから，フジテレビの映画業界への参入はもはや

本業と並ぶ立派な事業である。

　こうしたテレビ局による積極的な映画製作への進出は，何もフジテレビに限ったことではない。最近，話題となる邦画の製作クレジットがしばしば「○○製作委員会」となっていることに気づいている人は多いだろう。現在の映画製作では，配給会社や出版社や広告代理店などが中心になって「製作委員会」を組織し，集めた資金をもとに製作会社に製作を委託するケースが多い。これは1990年代以降に定着した方式だが，言うまでもなく，テレビ局もこの「製作委員会」の重要な構成メンバーとして参加することが少なくない。たとえば『千と千尋の神隠し』製作委員会は「徳間書店，日本テレビ放送網，電通，東北新社，三菱商事」，『世界の中心で，愛をさけぶ』製作委員会は「東宝，TBS，博報堂，小学館，S・D・P，MBS」といった具合に構成されている。

図2　フジテレビ映画事業の新聞広告（2005年1月11日，朝日新聞朝刊）。キャッチコピーは「テレビじゃないフジテレビ」。

　テレビ局としてみれば，この「製作委員会」方式には様々なメリットがある。映画からの直接収入はもちろんのこと，映画のテレビ放映権の独占的獲得，DVDやグッズの売り上げも期待できる。さらにはヒットした映画をテレビ・ドラマ化することや，逆に先行するテレビ・ドラマから映画化へとつなげていくことも容易に可能になる。こうして，現代のテレビは他の複数のメディアと水平的・複合的に連携を強めながら，その相乗効果によって人気番組を作り出していくのである[8]。映画『ウォーターボーイズ』のヒットに続く，2003年夏の連続テレビ・ドラマ『ウォーターボーイズ』，さらに翌2004年夏の続編『ウォーターボーイズ2』の成功は，まさにこうした周到な企業戦略の上に成立したものだったということを見逃してはならない。

　しかし，こうしたメディアの企業戦略だけからドラマ『ウォーターボーイズ』の人気を説明するのは十分ではない。そこには人々をひきつける番組そのものの魅力もあったはずである。ドラマ『ウォーターボーイズ』から明らかになる，現代的なテレビ・ドラマの特徴とはどのようなものなのだろうか。

それはメディア・イベントとして「ウォーターボーイズ」が展開していく上でどのような役割を果たしたのだろうか。次に考えなければならないのは，これである。

3　シンクロするドラマと現実

　テレビ・ドラマ『ウォーターボーイズ』の両シリーズでプロデューサーを務めた船津浩一（共同テレビジョン）は，公式番組本に掲載されたインタビューの中で，「このドラマは，ドキュメンタリー的な要素も強いですよね」という問いに答えて，次のように述べている。

> 　そうですね。シンクロを通じて成長するという話は，ドラマと現実でまさにシンクロしてるんですよ。やはりこの番組を好きな人は，そういう部分も好きなんでしょうね。だから今年も去年同様，シンクロ練習風景や撮影現場を，ドキュメンタリーとして撮影しているんです[9]。

　このように連続テレビ・ドラマ『ウォーターボーイズ』は，単なるドラマの作り話としてだけではなく，現実の話としても楽しめる要素を持っていた。それは連続ドラマの最終回で役者たちが披露することになる文化祭のシンクロ公演と大きな関係がある。この連続ドラマの最大の見せ場であり，クライマックスである最終回のシンクロ公演では，代役を立てることはもちろんのこと，CGやワイヤーなども使わず，出演者たちが実際にシンクロの演技をして見せなければならない。つまり，『ウォーターボーイズ』に出演する役者たちは，自らの役作りとは別に，シンクロナイズドスイミングを本気でマスターしなければならないのである。
　実際，このドラマ作りの過程は少し変わっている。まず「ウォーターボーイズ」を構成する32人の出演者たちが，200人を超えるオーディション参加者の中から選ばれる。こうして選ばれた素人同然の出演者たちが，ドラマの撮影と平行しながら，シンクロの特訓のための強化合宿に参加する。彼らはこの合宿で専門家の指導を受けながら一からシンクロをマスターしていく

のである。合宿での初顔合わせ、遊び気分の抜け切らない若者たち、厳しいシンクロの先生、彼らを温かく見守るスタッフ、しだいに真剣になっていく若者たち……。そこでは、ドラマでは見られない、もうひとつの「ボーイズ」たちの物語が展開する。

重要なことは、この裏物語が、インターネット上の番組公式ホームページの書き込み（ボーイズ日記やプロデューサー日記）、雑誌特集やメイキング本の出版、ドキュメンタリー番組の放送などを通じて、視聴者に逐一共有されていくということである[10]。メイキング本の中から合宿に関する彼らの声をいくつか引いてみよう。

図3 『あの感動がよみがえる！ ウォーターボーイズ2完全密着130日！ 涙と友情の最終回スペシャル！！』より。

> 合宿。キツかったですよ。正直。毎朝5時半に起きて、早朝7時まで。次が9時から12時。で、2時から夕方の6時。起きる。泳ぐ。飯食う。起きる、泳ぐ。飯食う。……延々とそのルーティーンが続いて、最初は参りました（中略）でもそういう状態って、みんなの気持ちの余裕がないから、素の自分を出さざる得ない。時間をかけて相手とよくわかりあってから……なんてカッコつけてる場合じゃないし。裸でぶつかりあってる感じで、自然と素のコミュニケーションができてくるんですよ[11]。

> 男ばっかで「ムサイ」のが一番キツかった合宿で思い出すのが、石井ちゃんの誕生日。みんなでドッキリやろうってことになってね。もう朝から誰一人、石井ちゃんに話しかけない。わざと冷たく接して。不破先生までぐるになって、練習中も必要以上にメチャクチャ怒ったりしてね。（中略）そこまで石井ちゃんを追いつめてから、「おめでとう！」32人でわぁ〜っと祝福したんです[12]。

> もちろん、ぶつかったりもする。だけど、とにかく毎日顔あわせてるし、

濃密な時間を共有しているから，ノリシロがどんどん重なっていく感触があるんです。なんかドラマのキャストっていう前に，素の僕らがいたような気がする。まさに等身大の僕らっていうのかな[13]。

　こうして，ドラマと現実は「シンクロ」しはじめる。一方で，ドラマの中の世界では，次々に巻き起こる難関を乗り越えて，文化祭でのシンクロ公演へと近づいていく高校生たちの成長物語が繰り広げられる。他方，ドラマの背後の世界では，厳しい練習に耐えて，シンクロをマスターしていく出演者たちの別の成長物語が進行する。これらの並行する二つの物語は，表裏一体となって展開し，しばしば混ざり合う。ドラマの回を追うごとに見る見るたくましくなり，真っ黒に日焼けしていく出演者たちを目の当たりにすると，その思いはいっそう強くなる。最終回の文化祭シンクロ公演と終演後に彼らが涙するシーンを見るにいたっては，ドラマを見ているのかドキュメンタリーを見ているのかよくわからない不思議な感覚に陥っていく。
　ドラマをドキュメンタリー的に見ると言うのは，何も『ウォーターボーイズ』に限った話ではない。現代のテレビでは，話題作りのためにドラマ制作の舞台裏をワイドショーやドキュメンタリー番組で紹介することはごく普通に行われる。DVDの特典映像として，メイキング映像が収められることも珍しくない。このようにメイキングが巷に溢れる環境では，テレビ視聴者は，ドラマを見る「表」の視線と，そのドラマの背後をドキュメンタリー的に見る「裏」の視線を自然と二重化させていく。たとえば大河ドラマ『新撰組』を，一方で「香取慎吾が演じる近藤勇」の成長を描いた「ドラマ」として，他方で「近藤勇を演じる香取慎吾」の成長を描いた「ドキュメンタリー」として同時に見ているのである。
　『ウォーターボーイズ』の新しさは，このドラマと現実の「シンクロ」を番組そのもののテーマとして自覚的に取り込んだところにあったと言えるだろう。企画を担当した金井卓也（フジテレビ）は言う。

コメディでもスポ根でもなく。どちらかというとドキュメンタリーに近いアプローチでドラマ作りをしたかった。一ヶ月の合宿中にも，何度か

足を運びましたが，彼らの成長スピードにはびっくりさせられました。こんな短期間に，よくぞここまで頑張ってくれたなという一体感に打たれました[14]。

さらに踏みこんで，次のように言うこともできるかもしれない。このドラマはむしろ『ウォーターボーイズ』という脚本を演じるという課題を与えられた若者たちのドキュメンタリーなのだ，と。つまり，「表」の物語と，「裏」の物語をあえて転倒させて見るわけである。実は，このように考えると，『ウォーターボーイズ』というドラマは，現代のテレビで盛んに放送されているドキュメント・バラエティといくつかの点で奇妙に類似しているということに気づく。

ドキュメント・バラエティとは，出演者に何らかの実験や課題に挑戦してもらい，その過程で彼ら・彼女らが体験する人間関係の変化や心理的葛藤を，カメラで観察して楽しむ娯楽番組である。たとえば，数年前ヨーロッパやアメリカで社会現象とも言える人気を巻き起こした『サバイバー』や『ビッグ・ブラザー』（これらは一般に「リアリティTV」と呼ばれる），日本で言えば，一般から応募してきた若い男女を一台の車に同乗させて世界中を旅させる『恋愛観察バラエティ　あいのり』（フジテレビ）などを想像してもらえばよい[15]。

この種の番組と『ウォーターボーイズ』が類似しているのは次の点である。第一に，出演者は一般素人（あるいは素人同然のプロ）の応募者の中からオーディションで選ばれること。第二に，出演者は，普段の生活ではありえないような，作り手が設定した異様な状況（無人島，合宿など）に放り込まれ，課題達成に向けて努力しなければならないこと。第三に，その過程で体験したり，感じたりする様々な感情が，日記やインタビュー等を使って公開されること。第四に，課題の克服を通して成長あるいは自分を再発見していく出演者の姿が番組の重要なテーマになっていること。

実際，『ウォーターボーイズ』の裏側には，こうした出演者の成長，自己発見の物語が溢れている。再び，番組本の中から彼らの声を引いてみよう。

何かを真剣にやった事のないボクが四ヶ月半もの長い間，一つの事に打ち込み何も妥協せずにシンクロや陸ダンスを練習していく．自分が変われるチャンスを与えてくれた．ありがとう，water boys2 ♪ (^^)[16]

自分の生きていく中で，あってよかったハードルみたいなものです．少し避ければ楽に進めますが真正面からこのハードルを飛べば，私はこのハードルを飛んだという自信がつきます．そしてこのハードルのよい所は，たくさんの人を感動させればさせるほど私たちにしか飛べない私たちだけが飛んだハードルになっていくことです[17]．

テレビが課したハードルを乗り越えていくことで，成長していこうとする「ボーイズ」たちの姿は，ドキュメント・バラエティに参加する素人たちの姿と明確に重なり合う．『ウォーターボーイズ』というドラマは，出演者たちにとって，そこに参加することで退屈な現実を生き生きとしたものに変えることができる人生のイベントのひとつとして機能しているのである．

ここには現代におけるテレビ・ドラマの楽しみ方の変化が端的に示されている．かつてドラマは演技の訓練を積んだプロの役者たちによって成り立っていた．素人である視聴者は，その完成された演技，作りこまれた作品世界を鑑賞・批評して楽しんだ．しかし，現代のテレビ・ドラマは，素人同然の役者によって成り立つ．このとき視聴者は，そこに出演する素人がドラマ制作というイベントを通じてどのように成長していくか，ということをドキュメンタリー的に観察することも含めてドラマを楽しむ．現代の視聴者にとってテレビ・ドラマとは，自分たちと同じ素人でも参加することのできるイベントのひとつなのである．『ウォーターボーイズ』は，「プロの役者」から「素人の役者」へ，「鑑賞する作品としてのドラマ」から「参加するイベントとしてのドラマ」へ，と変化を遂げる現代のテレビ・ドラマの典型的な事例と言うことができる．

ここまでくれば，『ウォーターボーイズ』を見た一般の素人が，自ら「男子シンクロ」に取り組み始める理由も明らかだろう．彼らが，自分もこのイベントに参加してみたい，そうすることによってあの「ボーイズ」たちのよ

うに生き生きと青春してみたいと考えたとしても，何ら不思議ではない。このときいよいよ人々の身体は，番組を超えたレベルで，テレビのイメージの世界に巻き込まれていく。

とはいえ，誰もが簡単にテレビ・ドラマに出演できるわけではない。では，手っ取り早くこのイベントに参加するためにはどうすればいいのだろうか。どこに行けば，そうした体験は可能になるのだろうか。実はこのような場所が，確かに存在する。それは「お台場」である。

4 観光地化するテレビ

冒頭に述べたように「全国高校ウォーターボーイズ選手権」はフジテレビのある東京・お台場で行われた。会場となった特設プールは，青い空を反射して水面がきらきらと輝き，まるでドラマの舞台のようだ。しかも大会の模様は『ウォーターボーイズ2』の最終回とともに番組として全国放送される[18]。『ウォーターボーイズ』の世界に憧れてシンクロを始めた素人「ボーイズ」たちにとって，自分たちのシンクロを披露するイベントの開催地として，これほどふさわしい場所は他にないだろう。

このイベントに参加するためにお台場に集まるのはもちろん素人「ボーイズ」だけではない。彼らを応援しに大勢の観客たちもやって来る。人々はこのイベントにそれぞれの立場で参加することで，ドラマの出演者のような気分を味わうことができる。ここでは，前節で述べた「参加するイベントとしてのドラマ」が，文字通り，誰もが参加できるイベントとして実現する。こうしてお台場のイベント会場は，まるでテレビ・ドラマの世界が現実に飛び出してきたかのような空間へと変質する。

ここで指摘しておかなければならないのは，こうした「飛び出すテレビ」空間は，何も「ウォーターボーイズ」のイベントだけで観察される現象ではない，ということである。実は，今やお台場という空間そのものがこうしたメディア・イベントの原理によって構成されているのである。実際，お台場を見渡せば，あちらこちらで「飛び出すテレビ」空間を見つけ出すことができる。フジテレビによって，お台場自体がテレビの世界を現実化したような

図4 フジテレビ社屋と「お台場冒険王」の看板

図5 『あいのり』ブースに展示されたラブワゴン

イベント空間として，演出されているのだ。以下ではその一例として，2004年夏に開かれたイベント，「お台場冒険王2004〜レインボーブリッジは封鎖するな〜」を取り上げてみたい。

「お台場冒険王」は，フジテレビ本社屋およびお台場周辺地区を会場にして開催される，フジテレビ主催の夏のイベントである。フジテレビは，1997年のお台場への本社屋移転以来，臨海副都心を活性化するために，毎年このような夏のイベントを開催してきた（括弧内は開催日数と入場者数）。

1997年　お台場ドドンパ（13日間）
1998年　P-kiesワンダーランド（30日間，52万人）
1999年　BANG PARKフジテレビ番組博覧会（43日間，113万8000人）
2000年　お台場どっと混む！（43日間，127万7000人）
2001年　お台場どっと混む！（43日間，140万1000人）
2002年　お台場どっと混む！（43日間，152万9000人）[19]

フジテレビ開局45周年を記念して，2003年から始まった「お台場冒険王」は，これらのイベントの発展系とも言えるもので，今や夏休み恒例の東京の一大イベントとなっている。第一回目の2003年には44日間で348万8434人，これに続いて開催された「お台場冒険王2004」は，7月17日から8月31日までの計51日間で422万1392人の入場者数を記録している。

お台場冒険王の魅力は，何と言っても，番組と連動した数々のイベント企

図6 『めちゃイケ』ブース　　　図7 サザエさんの住むまち

画にある。たとえば「夢のバラエティランド」と名づけられた屋外広場には、フジテレビの人気番組のブースが所狭しと立ち並び、番組で実際に使われたセットやグッズ、出演者の写真などが展示されている。参加者は普段テレビ画面の中でしか見ることのできなかったセットやグッズを、実際に目の前で見物することができる。

　それだけではない。いくつかのブースでは、これらのセットを使って、参加者が実際に番組の人気コーナーを体験できるようにもなっている。たとえば、ナインティ・ナインが出演するバラエティ番組『めちゃ×2イケてるッ！』のブースでは、この番組の名物企画「数取団」のセットが完全に再現され、まさに出演者気分でバイクにまたがって、このゲームを実際に体験することができる。

　また、フジテレビ7階の屋上庭園には「サザエさんの住むまち」と題して、サザエさん一家が住む「あさひヶ丘」の町並みが再現されている。ゲートをくぐると、ほのぼのとした雰囲気の商店街が現れ、アニメの世界に飛び込んだような気分になる。ここには「サザエさんスイーツ茶屋」などがあり、甘いお菓子で一服できるほか、磯野家の茶の間にお邪魔して、サザエさんやマスオさんや波平さんと一緒に記念写真を撮ることもできる。

　極めつけは、フジテレビ22階に作り出された「トリビアの館」である。人気バラエティ番組『トリビアの泉』の世界を再現したこの空間では、これまで紹介されたトリビアの名作選が見られるほか、実際に「へぇ〜」ボタンを押せる体験ゾーンがあり、大人から子供まで必死に「へぇ〜」ボタンを押

し続ける異様な光景が展開する。期間中に来訪者が押した「へぇ〜」の総数はなんと6200万回を超えたという[20]。

最後に、特設プールで期間中毎日開催される「ウォーターボーイズ・ショー」についても触れておきたい。このショーでは、特訓を受けたメンバーがドラマ『ウォーターボーイズ』さながらのシンクロ公演を披露し、ここでも観客はテレビ・ドラマの世界を体験することができる。一日数回行われるこのショーが、毎朝整理券を求める人々で長蛇の列ができるほどの大人気だったことは、もはや言うまでもないだろう。

図8 トリビアの館

こうして「お台場冒険王」の期間中、お台場はまさにテレビが現実に飛び出したような空間へと変貌する。人々は、テレビのイメージの世界に参加するため、このイベントにやってくる。彼ら・彼女らは、立体化したテレビの世界を自由に散策し、ショーやゲームを体験し、その姿を記念写真に収める。この記念写真には、まさにテレビの世界に入り込んだ自分の姿が証拠として記録される。また、ここには、この場所でしか買えない限定グッズもたくさん売られている。こうしたお土産を買うことも、人々の重要な目的のひとつである。こうして、フジテレビのあるお台場は、まるで「観光地」のような様相を呈することになる。

しかし、よくよく考えてみれば、テレビ局やその周辺が、このように観光地化するというのは、奇妙なことではないだろうか。本来、送り手側であるテレビ局の建物は、仕事のためのオフィスでしかない。電波を受け取る側の視聴者が、わざわざ電波の発信源であるテレビ局まで足を運ぶというのは、倒錯しているようにも思える。実際、同じ民放でも、フジテレビ以前に新社屋に移転した赤坂のTBS周辺は、これほどテレビのイメージに覆いつくされていないし、観光地化もしていない。

ではなぜ、お台場はこのように空間そのものがテレビ化し、それを目当てに人々が集まってくるのだろうか。おそらく、それはお台場という街の歴史

に秘密がある。そもそもお台場は東京湾の埋立地の上に人工的に造りだされた街である。この大規模都市開発を成功させるために計画されたのが，博覧会の開催とマスメディアの誘致だった。一方の博覧会（世界都市博覧会）には，人々をこの場所に大量に引き寄せ，新しい都市のイメージを生み出すことが期待され，他方のマスメディア（フジテレビ）には，そのイメージを大量に情報発信していくことが期待された[21]。

すなわち，お台場は最初から「イベント」と「メディア」によって成立する街であった。別の言い方をすれば「メディア」が発信すべき情報を「イベント」によって自ら作り出していく自作自演的な都市がお台場であった。とりわけ1995年に都市博が中止された後，このお台場のマッチポンプ的な役割を積極的に引き受けていったのが，他でもないフジテレビである。フジテレビは，1997年の移転以来，単に「メディア」として電波を発信するだけでなく，「イベント」によって人々を動員し，お台場のイメージそのものを作り出す役割を中心的に果たしていった。こうして「お台場と言えばフジテレビ，フジテレビと言えばお台場」というイメージを作り上げることに成功した。

いまやお台場は東京最大の観光・集客エリアである。お台場は，その中心にあるフジテレビによって，テレビのイメージを現実化したような空間に仕立て上げられている。そして，このテレビ化した世界を体験しに，大勢の人々が全国からお台場へと押し寄せてくるのだ。

おわりに──テレビ番組分析を超えて

以上，「ウォーターボーイズ」というメディア・イベントを手がかりにして，現代のイベント・メディア化したテレビのあり方について考えてきた。現代のテレビは，テレビ事業単独ではなく，映画など他のメディア事業と広範囲に連携しながら，メディア・イベントを作りだしていくこと。こうした多メディア化した環境の下で，テレビ番組そのものが「鑑賞する作品」から「参加するイベント」へと変化しつつあること。そして，こうしたイベントに人々が参加するための拠点となる空間としてテレビ局周辺が開発され，観

光地化していること。こうした事柄について順を追って論じてきた。

そこから浮かび上がってくるのは、テレビによって演出された世界を生きる私たち自身の姿である。現代のイベント・メディア化したテレビは、私たちの生きるこの世界を次々にイベント化していく。テレビは、日々この世界の中心にあって、私たちの生活をイベントとして魅惑的に演出し続ける。それは確かに作り物の世界にすぎない。しかし人々は、この演出された世界を求めて、テレビ局周辺へとせっせと足を運ぶ。観光地化したテレビ局とは、このテレビ化した世界の「聖地」にほかならない[22]。

図9 「テレビ局へ行こう！」（観光情報誌『るるぶ お台場・汐留・舞浜』JTB、2004年の表紙）

そして、お台場に典型的に見られるような、この観光地化したテレビ局は、いまや他の場所にも続々と出現している。2003年に六本木ヒルズの一角に誕生したテレビ朝日や、2004年に汐留シオサイトにオープンした日本テレビなど、再開発によって新たに誕生した都市空間の中心には必ず中核施設としてテレビ局が配置され、全国から大勢の観光客が集まってくる[23]。それはさながら現代の「聖地巡礼」だ。

もちろん、現代のテレビは大きな変革期にある。デジタル放送や多チャンネル放送、シネコンの急拡大、DVDなどのパッケージ・メディアの普及、インターネットや携帯電話の登場などによって、これまでテレビを支えてきた基盤は急速に揺らぎつつある。すでに若者のテレビ離れも指摘されるようになって久しい。個々のテレビ番組の相対的価値は今後もますます低下していかざるを得ないだろう。

しかし、それはテレビが終わることを意味しない。これまで論じてきたように、イベント・メディア化するテレビは、他のメディアとも連携しながら、その構造を大胆かつ柔軟に変容させている。現代のテレビは、番組を超えたレベルで、ますます強力に私たちの身体をテレビのイメージの世界へと巻き込んでいくようになっている。テレビが演出するイベントに参加するために、

観光地化したテレビ局へせっせとやって来る人々の姿を見ていると，私たちはすでにすっかりテレビ化された世界の中に生きているのではないか，とさえ思えてくる。

　現代のテレビ文化はいまダイナミックに変化している。従来のような安定的なテレビ視聴の構造を前提にして，個々の番組の内容を読み解いたり，批判的に解釈しているだけでは十分ではない。現代のテレビの居場所は家庭の中だけにとどまらないし，その物語は画面の中だけでも完結しない。このような時代にはテレビ文化研究の方法も変わらざるを得ない。テレビのある風景をこれまでとは違うやり方で描き出すことが求められている。イベント・メディア化するテレビについて論じることは，まさにそうした新たな試みのひとつなのである。

　　注
1) フジテレビ・ホームページ「カスペ！全国高校ウォーターボーイズ選手権」（http://www.fujitv.co.jp/ichioshi/040921wb/midokoro.html）。
2) 吉見俊哉「メディア・イベント概念の諸相」（津金澤聰廣編『近代日本のメディア・イベント』同文館，1996年，3-30頁）。
3) この種の議論の先駆けとして，Boorstin, D., *The Image*, Atheneum, 1962（『幻影の時代――マスコミが製造する事実』後藤和彦・星野郁美訳，東京創元社，1964年）の「擬似イベント論」がある。メディアと現実の逆転については，Baudrillard, J., *Simulacres et Simulation*, Editions Galilee, 1981（『シミュラークルとシミュレーション』竹原あき子訳，法政大学出版局，1984年）。
4) 大規模セレモニーに関する代表的研究として，Dayan, D., & Katz, E., *Media Events*, Harvard Univ. Press, 1992（『メディア・イベント――歴史を作るメディア・セレモニー』浅見克彦訳，青弓社，1996年）がある。他方で，日本におけるメディア・イベントの研究は，近年急速に進みつつある。その成果は，津金澤編（前掲書）の他，その続編である津金澤聰廣・有山輝雄編『戦時期日本のメディア・イベント』（世界思想社，1998年）や，津金澤聰廣編『戦後日本のメディア・イベント』（世界思想社，2002年）を参照のこと。
5) 映画化・ドラマ化の経緯については，『ウォーターボーイズ・オフィシャルブック』（フジテレビ出版，2004年，139頁）を参考にする。
6) 川越高校水泳部はこれまでに何度もドキュメンタリー番組の題材として取り上げられている。『にんげんドキュメント　俺たちのシンクロ』（2003年10月10日放送，NHK）。『スーパーテレビ情報最前線　実録！ハダカの青春　元祖ウォーターボーイズ物語』（2004年9月13日放送，日本テレビ）。
7) フジテレビ・ホームページ「会社案内」(http://www.fujitv.co.jp/fujitv/firm/

05_tokushu.html)。

8) 流通事業者（放送局，映画会社，広告代理店など）主導によるこうした「製作委員会」方式は，出資者の意向が強く働く結果，作品の質の低下を招きやすいとして近年しばしば批判を浴びている。最近では，製作された作品に発生する著作権を管理・運用する SPC（Special Purpose Company，特別目的会社）を設立して，小口の投資家から資金を集める方式も行われるようになっている。

9) 前掲『ウォーターボーイズ・オフィシャルブック』139頁。

10) 番組公式ホームページの URL は，「ウォーターボーイズ」(http://www.fujitv.co.jp/waterboys/news.html)，「ウォーターボーイズ 2」(http://wwwc.fujitv.co.jp/waterboys2/index2.html)。メイキング本として『ウォーターボーイズ・メイキングブック』（ワニブックス，2003年）と『ウォーターボーイズ 2・メイキングブック』（ワニブックス，2004年）がある。ドラマの舞台裏を取材したドキュメンタリー番組として『あの感動をもう一度！　ウォーターボーイズ・完全保存版　もうひとつの最終回スペシャル！！　32人の忘れられぬ夏……』（2003年9月24日放送，フジテレビ），『あの感動がよみがえる！ウォーターボーイズ2完全密着130日！　涙と友情の最終回スペシャル！！』（2004年10月4日放送，フジテレビ）。

11) 前掲『ウォーターボーイズ・メイキングブック』19頁。

12) 同前書，27頁。

13) 同前書，19頁。

14) 同前書，122頁。

15) ドキュメント・バラエティ研究の先駆的試みとして，長谷正人他『ドキュメンタリー・バラエティ番組のメディア史的考察』（平成14～15年度・科学研究費補助金研究成果報告書，2004）がある。ドキュメント・バラエティ隆盛の現代的意味については，拙著「ポスト・ドキュメンタリー文化とテレビ・リアリティ」（『思想』第956号，2003年，84-97頁）を参照してほしい。

16) 前掲『ウォーターボーイズ・オフィシャルブック』52頁。

17) 同前書，48頁。

18) 『カスペ！　全国高校ウォーターボーイズ選手権』（2004年9月21日放送，フジテレビ）。

19) フジテレビ・ホームページ「こちらフジテレビ」(http://www.fujitv.co.jp/fujitv/news/pub_2003/03-225.html)。

20) フジテレビ・ホームページ「会社概要」(http://www.fujitv.co.jp/fujitv/firm/02_01.html)。

21) 平本一雄『臨海副都心物語――「お台場」をめぐる政治経済力学』（中央公論新社，2000年，9-12頁）。

22) テレビのイメージを現実化した観光地「お台場」の成り立ちを考える際に参考になるのは，映画のイメージを現実化したテーマパーク「ディズニーランド」の存在である。ディズニーランドの構成原理については能登路雅子『ディズニーランドという聖地』（岩波書店，1990年）を，お台場的世界とディズニーランド的世

界との類似性については，若林幹夫「余白化する都市空間——お台場，あるいは『力なさ』の勝利」（吉見俊哉・若林幹夫編著『東京スタディーズ』紀伊國屋書店，2005年，6-25頁）を参照のこと．
23) 民放キー局では最も出遅れていたTBSも現在，赤坂の本社屋周辺の再開発に着手している（2007年完成予定）．「計画地の中心に配置する文化施設棟や放送センター前の大きな広場においては，様々なイベント等の開催を通じ，放送事業と連動した最先端の情報を発信したいと考えております．さらに，こうした情報発信機能に加えて，業務棟の足もとに賑わいのある商業施設を配置することによって，全国的に有名な繁華街である赤坂のさらなる活性化にも役立ちたいと考えております」．引用はTBSホームページ「TBS赤坂II期開発計画について」(http://www.tbs.co.jp/pressreleases/20021127a.html)．

参考文献

平本一雄『臨海副都心物語——「お台場」をめぐる政治経済力学』中央公論新社，2000年．
能登路雅子『ディズニーランドという聖地』岩波書店，1990年．
津金澤聰廣編『近代日本のメディア・イベント』同文館，1996年．
津金澤聰廣・有山輝雄編『戦時期日本のメディア・イベント』世界思想社，1998年．
津金澤聰廣編『戦後日本のメディア・イベント』世界思想社，2002年．
山下晋司編『観光人類学』新曜社，1996年．
『思想（テレビジョン再考）』第956号（2003年12月号）．

Baudrillard, J., *Simulacres et Simulation*, Editions Galilee, 1981（『シミュラークルとシミュレーション』竹原あき子訳，法政大学出版局，1984年）．
Boorstin, D., *The Image*, Atheneum, 1962（『幻影の時代——マスコミが製造する事実』後藤和彦・星野郁美訳，東京創元社，1964年）．
Dayan, D., & Katz, E., *Media Events*, Harvard Univ. Press, 1992（『メディア・イベント——歴史を作るメディア・セレモニー』浅見克彦訳，青弓社，1996年）．

第6章 広告コミュニケーションの変容と消費社会

須藤 春夫

1 広告の本質

アメリカを代表するマーケティング研究者 D. ポッターは，1954 年の著書で現代広告を次のように定義した。「独自の方法で消費者をとらえ，消費者がその概念にできるだけ近づくように励ますことで，個人の生活を変えていこうとする数少ない社会操縦手段である」[1]。ここには，いまでも通用する広告の社会的機能の本質が端的に示されている。広告が私たちの日常生活と深く関わるようになった現在，広告を経営学，経済学の視点からとらえようとする研究は盛んであるが，社会学的な接近をはかるとすればどのような視点が求められようか。ここでは広告をコミュニケーション行為としてとらえ，その社会的機能がいかなる内実を持ったものであるのかを把握することを主眼としたい。資本主義が生成，発展する過程で広告の果たすコミュニケーションとしての機能は，社会のサブシステムとして不可欠の要因をなしており，とりわけ私たちの消費生活を構築するうえで大きな作用力を有しているからである。

ポッターの定義は資本主義経済の発展過程で必然的に求められた広告の機能だった。しかし，現代の成熟社会のもとではその定義が矛盾に直面しているのも事実である。資本主義社会の発達は，大量生産 – 大量消費 – 大量廃棄という現実を作り上げてきたが，それが地球環境そのものを破壊してしまう見通しが語られるなかで，私たちはどのような生産 – 消費のあり方を構築するのが望ましいのか。広告の社会的機能を考察するとき，このような広い視野から把握しなおす必要に迫られている。この小論では，ポッターの定義が何ゆえに現代の広告と社会の関係をとらえるうえで本質的な意味を有してい

るのかを明らかにするとともに、その矛盾と問題点を考察するのが目的である。

　広告の歴史は人間社会の成立とともに古いといわれる。西暦前13～12世紀に栄えたテーベの遺跡で発掘されたパピルス文書のなかに、逃亡する奴隷を捜す広告が最古のものだと記されている[2]。しかし、広告の社会的な機能が本格的に意味を持ってくるのは近代資本主義社会が成立して以降のことであり、今日に見る広告の発展は資本主義という独特の市場経済システムの存在を抜きにして考えられない。では、なぜ資本主義社会は自らの成長に広告を不可欠の要因としたのであろうか。近代市民革命は諸個人の「自由」の獲得をもたらしたが、これを生産と消費が分離する資本主義経済にあてはめてみると、生産、消費どちらの側も自由な行為によって担われる結果、市場においては無政府的な状況を生みだす。したがって、生産と消費を結び合わせ両者を調整する機能を担うものとして、広告はきわめて重要な役割を付与されることになった。

　生産－消費の関係は商品流通という物流過程を経て市場に送り込まれ消費と出会うことになる。しかし他方において広告という社会的なコミュニケーション行為なくして生産－消費の循環関係は成立し得ない。広告の社会的機能の第一の意義はこの点に求められよう。しかも、それは単なる出会いの契機を作り出すものに留まらない。資本主義の自由な競争原理のもとで、生産資本は最大限の利潤確保によって打ち勝つのであり、そのためには個別生産資本が消費者をどれだけ購買行動に結びつけ、資本の回収を無駄なく図るかが至上命題となる。このことからもわかるように、近代広告の出発点は生産と消費の無政府状態において両者を結ぶ回路であり、生産の側から消費を把握する目的をもったコミュニケーション行為という基本的な性格を有している。

2　ブランドの生成

　資本主義の初期段階（自由主義）では、生産資本より流通資本が市場支配力を持っていたことから、広告はもっぱら流通資本が担っており生産資本は

消費の前面に立ち現れることはなかった。たとえば、「1850年代あたりから、多くの小さな工場によって生産され、卸売商や個別販売業者によって流通される無名の棒状の石鹸で、市場は洪水となっていた」[3]。そこでは価格競争こそが消費者にとっての大きな購買動機であり、したがって広告表現も価格表示を中心においた告知的性格である。しかし「競争は一九世紀後半にかけて次第に激化し、その結果主要な企業がライバル企業から顧客を奪うべく攻撃的な販売方法を使い始めた。(中略)自社の石鹸ブランドを定め、一見して他商品と区別できる包装を使って売り上げ増をはかった。1919年までには「石鹸戦争」は主要企業の合併で終息していた」[4]。石鹸が個別企業ごとに商標(trademark)を持ち、箱状にパッケージされ個別のブランド(brand)が記されるようになるのは19世紀後半に入ってからのことである。その背景には徐々に生産力をつけ資本蓄積をはかりはじめた生産資本が、流通資本の手から市場支配力を奪い取り、競合相手に対抗して市場競争で有利なシェアを保持しようとした結果に他ならない。ブランドが他企業との製品差別を認知させる手段として登場したのである。個別の生産資本自らが消費に対してコミュニケートすることで、投下資本の回収をより確実にしようと意図するようになった。ここにおいて、消費者は広告、商品パッケージ、ブランドなどを通して生産者(企業)を可視化することになり、商品選択の判断に広告の作用力が加わるようになる。

　広告コミュニケーションが単なるスローガンの繰り返しや商品内容の告知をおこなっていた段階(生産と消費を出会わせる段階)から、消費者を説得するコミュニケーションへと転換するのもこの時期であり、広告の社会的機能について第二の意義がここに認められる。しかし、この段階では依然として価格競争が中心であり、生産資本の消費者把握は市場における商品販売の結果という事後的なものでしか知りえなかった。20世紀に入ると、機械化による生産力の飛躍的な向上は大量生産体制の確立をもたらし、大量消費を生みだす。市場を独占する生産資本が登場するにつれて、価格競争は大きな制約を受けることになり、競争手段として非価格競争が大きな比重を占めるようになるのもこの段階である。同時に、大量消費による基礎的消費財の飽和化は、新たな需要を創出すべくこれまでとは異なるコミュニケーション上

の手法を取り入れるようになる。非価格競争の一般化と新たな需要創出の同時進行は，マーケティングの出現を必然的なものとしたのである。

　マーケティングは，これまでの広告コミュニケーションが生産から消費への一方通行であったものを，消費から生産へと情報をもたらす情報回路を構築する行為であり，これにより，消費の潜在的欲求をあらかじめ把握し（マーケティング調査），その情報を生産側へともたらすことで需要に見合う生産調整を計画的に遂行することが可能となる。独占資本主義段階に至って企業間の競争はいっそう激化するが，それだけに生産の側は投下資本の回収をより確実なものとするために，これまで市場での販売実績という事後的な調整に委ねられていた生産をあらかじめ消費の潜在的，顕在的欲求を「科学的」に把握し，その市場（規模）を広告によって形成しながら販売に結びつけることで資本の回収にロスを少なくすることを意図した。いわば生産の事前調整機能がマーケティングの導入によって可能となり，他方で広告は市場創出という新たな課題を担うことになる。

　後に具体的な事例で示すが，独占資本主義段階の広告は消費の欲望を作り出すコミュニケーションへと変化することになり，マーケティング手法全体の中に位置づけられ計画的に実行される。生産と消費の関係性は広くマーケティングという情報回路によって結ばれることになり，自由主義段階のように広告が一方向的にコミュニケートされしかも恣意的，無計画的に実行されるものから大きく変容した。また，非価格競争はマーケティング分野あるいは商品の技術革新競争を惹起し，広告も有力な競争的性格を帯びるようになる。冒頭に示したポッターの定義は，このような状況の下での広告の果たす機能を指したものに他ならない。注目できるのは広告が「社会操縦手段」と認識されており，消費を生産の側にいかに近づけるかに主眼がおかれ，広告コミュニケーションは消費の新たな欲望を創出する装置として機能することになる。消費を操作対象とする見方は戦争宣伝のコミュニケーション目的（大衆の虚偽意識を形成して動員する）と一致しており，広告が宣伝の手法を大きく取り入れていることがわかる。T. ヴェブレンの「誇示的消費」やガルブレイスの消費の「依存効果」はこの時代の消費の特徴を指摘したものであり，大衆社会のもとで「外部志向型」人間像（ミルズ）が登場するのも

広告の作り出す消費のスタンダードパッケージが社会的に意味を持つようになったからにほかならない。

　だが，20世紀の後半にはいると大量生産・大量消費体制は，大きな行き詰まりに直面する。市場の成熟化は大量生産による消費の画一化に抵抗を生みだす心理状況を作り出した。1970年代後半から始まる市場細分化戦略（市場のセグメンテーション）は，消費の多様化（個性化）に生産の側から対応しようとしたひとつのマーケティング手法である。消費者の属性を細分化しそれぞれの欲求に見合う多様な商品の品揃えを準備するが，広告においても他商品との差異化を目的とした表現が重視される，消費者の側においても商品の使用価値そのものより商品のイメージや文化的価値をもたらす意味の共有（生産者と消費者，消費者同士の二つの共有がある）に消費性向の重点が移行する。広告の表現に依拠した差異化を重視する手法は，広告からモノ（商品）の伝達的要素をそぎ落とし，モノから派生する多様なイメージの提示が中心となる。また，商品購入サイクルを意図的に早めるために買い替えを促す心理的廃物化も広告によって主張されるようになる。

3　消費者中心主義の台頭

　「成熟市場においては市場形成の決定権は，供給側ではなく需要側にある。これはいくら市場＝店頭を供給側の事情と力でコントロールしようとしても，消費者側が動かないかぎり，市場形成は不可能だということを意味する」[5]。今日，マーケティングの世界ではこのように市場における「消費者主権」の議論が華やかである。この認識から広告についても「多くの未知のユーザーに広く商品を知らしめるという従来の"広告"のあり方から，必要な人に確かな情報を伝え，更なるユーズウエア（使い道・使い方・使い出）の開拓を先導する"効広"へと，その役割は変容せざるを得ない」[6]とされる。広告がイメージ重視となって解釈の多義性を生みだす記号的表現になるにせよ，あるいは引用に見られるように消費者ターゲットを明確にしてねらい打ち的な表現をとる場合でも，現代広告の社会的機能はやはり資本の最大限利潤を確保するための消費者把握を実行するコミュニケーション・ツールであるこ

とに変わりはない。いわば，広告コミュニケーションの権力は生産側に握られているということである。

　20世紀初頭から中盤にかけて，生産の側が新商品を次々と開発，市場に送りだすことで砂地に水が染みこむような消費が可能であった時代には，広告は消費のスタンダードパッケージを提示すれば済んでいた。大衆は消費のスタンダードに合わせるべく，自らの購買行動を促していった。大量消費が実現した背景には，階級，身分，所得などの差異が社会的に不明確になる中で，同じような消費行為を形成する意識空間に身を置くことによって，自己の存在確認をはかるという大衆社会状況の出現があるからにほかならない。広告はまさにこれら大量消費を実現するための「社会操縦手段」であったし，大量生産を市場において消費に転化する有力なコミュニケーション手段として有効に機能した面があった。日本でその典型例を挙げるならば，1970年代の一連の広告であろう。「モーレツからビューティフルへ」（70年／富士ゼロックス。高度経済成長下，猛烈な勢いで働いた日本人に「美しく」生きるという価値観の転換を示した。新しいタイプの複写機が美しい仕上がりを見せることのメタファーとなっている），「金曜日はワインを買う日」（72年／サントリーワイン。週休二日制が話題となる中，新しい週末を夫婦二人で過ごす生活にはワインがお似合いというメッセージだが，広告イラストレーションに描かれたワイン，フランスパン，チーズなどの小道具類がフランス性をイメージさせ，余暇時間を楽しむフランス社会の先進性とワインを連想させることで，日本人になじみの薄いワインのある生活を提案），「女性よ，テレビを消しなさい」（76年／角川書店。75年の国際婦人年スタートを受けて女性の新しいライフスタイルを提案。俗なるテレビから知性の書籍への転換を図るメッセージ）などの広告コピーに代表されよう。広告は商品特性と目指すべき価値の連動性を表しており，大衆はその広告の指し示す方向へと消費を進めていった。

　このように見ると，成熟社会の前提となる大量生産－大量消費のサイクルは，生産の側の消費への働きかけ（市場創出）のための広告機能があって初めて実現したのがわかる。成熟市場のもとでは，1970年代まで盛んであったスタンダードパッケージ型広告は影を潜める。「ひと並み」を追い求める

消費は，スタンダードパッケージが出そろってしまうと限界が見えてくる。どこを見ても同じライフスタイルは，消費行為を通して得られる他者との共存という安心感は得られても，人間としての自己確認をしづらくする。他者と違う自分をどう作り出すかという欲求は，消費の個性化志向という形をとって現れた。なぜなら，ファッション，趣味，居住形態などの消費選択行為こそが，他者と自分との比較を可視化し個性的であるか否かを確認する有力な手段となるからである。生産側においても，スタンダードな商品群が一巡した以降の新たな需要開拓に迫られ，多品種少量生産の態勢に移行せざるを得なくなった。

4　消費の個性化時代

　80年代を迎えると，情報化をともなった生産技術の革新がいっそう進展し，個性化した消費者のニーズに対応する生産形態が生みだされ，多様で豊かな商品の登場を生みだした。ここでの広告表現は受け手（消費者）一人ひとりのメッセージ解読リテラシーへの依存を重視した形式をとり，70年代まで見せたような送り手（生産者）が大衆消費者に向けて共通の価値規範を作り出すような提案型広告から大きく転換する。西武百貨店が80年から始めた「じぶん，新発見」「不思議，大好き」「おいしい生活」というキャッチフレーズに見られる一連の広告キャンペーンは，消費の個性化を促す表現を採用している点で典型例といえる。あえて説明的なボディコピーを加えることなく，ヘッドコピーだけのシンプルさとビジュアルもコピーとの直接的な連動性をとらない構成からは，およそ百貨店のイメージを導き出すことは難しい。デパートから百貨店へと店舗の性格を変えていく中で打たれたこの広告は，消費者が自分の感性で商品を発見する「不思議さ」に満ちあふれた空間であることを暗示している。普段われわれは，生活のありようを味覚の形容詞である「おいしい」と表現しないが，主観的な判断が大きく作用する味覚という感性を，生活の面においても同じように自分の個性に応じて作り上げる時代だ，というメッセージとなっている。何でも揃っているが個性のない画一的な商品配置とは違い，専門店も含めた多様でデザイン性に優れた商品を揃

えることで,消費者の趣向に添った選択に応える場としての百貨店であることを訴求したものである。自動車,家具などの耐久消費財から日常生活用品まで,80年代以降の消費はひたすら個性的であることを求めるようになった。

　耐久消費財の場合は,商品の基本ベースを共通に一定量の生産を確保し,販売時点において色彩,形状,パッケージなどの分野で消費者個人のニーズに可能な限り近づけるような商品生産体制が出現しつつある。情報技術の革新は,販売点と生産点のオンライン化によりこのような個性化対応は一挙に進展した。非耐久消費財の場合は同一カテゴリー商品内での多様な品揃えによって対応する(例として化粧品や嗜好品など)。販売・サービス部門においては,扱う商品やサービスの専門性を強めて消費者への対応を図ろうとしている。このような多品種少量生産と個性化市場の登場は,成熟市場社会という新たな段階を用意した。80年代中頃,日本の広告業界で注目を浴びた大衆から「少衆」「分衆」という消費者像把握の転換(『「分衆」の誕生』博報堂生活総合研究所編,1985年),あるいは最近主張されるようになった「アクティブ・コンシューマー」[7]の存在は,市場にモノが多様で豊富に存在することではなく,モノへの受容態度(広告接触を含む)が個性的かつ能動的な消費者の発見にある。

　当然のことながら,消費者の個性化志向の需要に対応するために広告も転換を図ることになる。広告はかつて大量消費社会の実現のために,スタンダードパッケージを提示した内容とは異なって,多品種生産のもとでは消費者が多様なモノやサービスの組合せによって個性的な生活世界を実現できることを訴求するようになる。今日,「複合広告」とよばれる広告表現は「贅沢さと地位に呈示の重点がある。背景が優勢になり,商品はその中に融合している。視覚的および言語的イメージは,金銭,富,優雅さ,そしてこれらのものの社会的な表示と結びついた地位感覚を喚起する」[8]。広告で強調されるのは創られた「イメージ」であって,特定の商品ではない。むしろ,商品は創り出された全体的なイメージの中に埋もれているか,先の西武百貨店の広告のように企業の主張すら明示的ではない。企業のセールスポイントは「イメージ」そのものなのである。広告に表現されたイメージは,消費者に解読を呼び起こすように魅力的に創り出されているのである。

商品や企業の存在を単に伝達する単純広告（この広告では生産者と消費者の関係は直線的である）とは違って，複合広告ではイメージを読み解く作業を介在させるこで，初めて生産者と消費者が結ばれるという迂回的な方法によっている。それは，広告表現において商品を生活世界の中におくことで，豊富で多様な意味連関が生じるからである。どのような意味を読み取るかは，まさに消費者の個性に依存する広告理解のリテラシーに規定される。

5　マーケティング重視の意味

消費者の個性化を読み取るマーケティング調査と消費者のイメージ解読能力を醸成する広告という，生産と消費を循環するコミュニケーション過程はいっそう重視され彫琢され，この結果広告の持つ役割は格段に大きくなる。日本の状況にあてはめてみると，70年代までの広告は商品の販売に役立つためのイメージを創るという段階だった。しかし，80年代以降は「広告が商品そのものなのだ。飲み物であれ，ジーンズ，医薬品，家電製品であれ，人々が買っているのは広告で見聞きしてよく知っている商品である」[9]。

ここで，広告は二つの方向が顕著になる。ひとつは広告によって企業や商品のブランドイメージを高める志向性が強まったこと。その背景には，ブランドが単なる商標的な意味合いとしての製品差別化戦略としてではなく，消費者に製品や企業を識別させ，消費者の需要を獲得する決定的な要素として，マーケティング戦略の重要な位置を占めるようになってきたからである[10]。成熟市場のもとでは商品やサービスの本質的違いはなくなっており，そうなると企業は商品（あるいは企業）のブランドを自社の資産（ブランド・エクイティ，ブランド・プロパティ）ととらえるようになり，広告がブランドの認知，ブランド・ロイヤリティ形成，ブランド連想（広告における有名人の起用や特殊なシンボルの利用によってブランドへのアイデンティティを意識的に構築しようとする戦略）を図る手段として理解するようになってきた。企業が国境を越えてグローバルな展開を図るようになって，ブランドは異なる市場文化圏に共通のイメージとロイヤリティをもたらす大きな役割を担うようになっている。

消費者中心主義とはなぜ消費者が特定のブランドを志向するのかを理解し，その欲求に合致するブランド戦略を構築する考え方のことである。このマーケティング戦略が今日の消費社会を生みだす基本的な理由である。パリのルイ・ヴィトン本店に日本人の買い物客が長い列を作っている光景は，ブランド志向の消費文化として特徴的であると指摘された（「読売新聞」2000年12月24日付）。2004年には銀座や青山にパリやアメリカの高級ブランド店が進出して話題となったが，現代消費社会はこのような傾向をいっそう推し進め，「ポスト・モダン的文化」と呼ばれる状態を作り出した。人々の消費がモノの実体ではなくブランドという記号の消費に向かう社会が一般的になれば，企業はブランドの持つ価値を強く認識し，ブランドを資産として管理する戦略をいっそう強めることになり，企業間競争はブランド競争として現出する。

　二つには，広告が競争的性格を強めるほど広告の氾濫が進み，消費者の広告への注目度をいかに高めるかが課題として浮上してきた点である。現在，アメリカでは平均的な成人で一日330の広告に接触しており，3分毎にひとつの広告に触れている計算になる。このうち注意を向けるのは150ぐらいにとどまり，半分以上が興味を持たれぬまま流されているという。このような状況下で広告会社に求められているのは，①広告クリエイティブ能力の向上，②セグメンテーション，ターゲティング＆ポジショニングに基づいた戦略的な思考力，③様々な機能をコーディネイトする能力の三点だとされている[11]。生産‐消費のコミュニケーション関係でみるならば，①の広告クリエイティブ能力の向上は企業のブランド戦略をいかに広告表現化できるかであり，②③は消費者の存在をいっそう「科学的」に把握するマーケティング手法の開発とその情報提供の実行能力になる。

6　市場原理と広告の矛盾

　このところ広告関係者の間では，マスメディア広告が効かなくなったという声が強い。マスに向けて同一の広告情報を打って大量消費を狙うという手法は成り立たなくなった，あるいは，話題づくりを狙った広告がはずれてし

まい，反対になぜヒットしたのかがよく分からないという事態が起こるのもこの声のなかに含まれている。このことが消費者をよりよく知らねばならないという企業側の認識となり，また企業が市場をコントロールするのではなく，消費者中心主義のマーケティングを主張する根拠となっている。メディア社会のもとでは消費者のメディアリテラシーは向上し，送り手側の発する広告メッセージが多義的に解釈され制作者の意図したコンセプトの通りに受容してくれるとは限らないからである。むしろ，広告への注目度を高めるために技巧的な広告表現をとればとるほど，意味の発生が豊かに作動し多様なイメージ形成へと展開する。

　広告が生産と消費を結びつけ，資本の回収を保証する重要なシステムという性格は変わらないにしても，広告がコミュニケーションであるがゆえに消費者（人間）の情報受容過程においてさまざまに認知，解釈されざるを得ない。広告効果が数量的に証明不可能な理由は，なによりも人間の態度変容を広告による影響の部分だけ取りだすことができないことによっている。人々の広告への意味解釈は，当該本人の準拠集団あるいはそれより大きな社会的枠組みによって規定されるし，社会の文化的なコードのありようにもよっている。広告が文化としての要素を不可避的に持つ以上，広告を資本の市場確保あるいは消費者把握の手段としてのみとらえる方法は矛盾に突き当たることになる。それが先ほどの広告が効かなくなったという認識につながっている。

　成熟市場のもとでも広告がある場面では販売促進につながることはあるが，むしろ販促直結型の広告は背後に退くことになる。今後，広告はブランドイメージ形成，ブランド管理の有力な手だてとして注目を集めていくことになろう。しかし，広告による企業ブランド，商品ブランド構築のために戦略的な手法を駆使したとしても，ブランドが神話性を持つには企業の顧客への対応，信頼性，革新性，デザイン性，あるいは今日では地球環境への配慮など，重層的な要素が蓄積された成果として形成されるため一定の時間的経過が必要となる。それでも，たばこの例のように，ブランド構築が成功したとしても製品そのものが社会的な悪として存在を認められなくなるような事態が生じており，健康（生命），環境などの領域では今後ともそれらと対立する製

品については，ブランド構築（広告活動）と社会の矛盾はさけられない。

また，今日が資本主義的な市場経済社会である以上，企業の利潤追求と競争は至上命題であり続ける。広告とブランディングは消費をいっそう促進する手段としての性格を変えるわけではないから，消費欲望の肥大化がもたらす限界（健康，環境破壊）をさらに引き延ばすこととなり人間社会と敵対しかねない。確かに，広告はかつてのように企業による「社会操縦手段」として消費効果を発揮できるものとはならなくなった。企業のコントロールで消費行動が左右されるという単純な図式は成り立たないのは確かである。しかし，広告主あるいは広告会社は，いまだに広告やマーケティングによって消費の操作を試みている。それは企業間の競争によって市場を支配せざるを得ない資本の論理が基本にあるからである。このようにみると，現代広告は，自ら推し進めてきた「消費社会」の未来から挑戦を受ける事態を迎えているといえよう。

注
1) 春山行夫『西洋広告文化史（上）』講談社，1981年，31頁。
2) ディビッド・ポッター『アメリカの富と国民性』渡辺徳郎訳，国際文化研究所，1957年，277頁。
3) ジリアン・ダイヤー『広告コミュニケーション』佐藤毅監訳，紀伊國屋書店，1985年，59頁。
4) 同前書，60頁。
5) 平林千春「"使場"を開拓する消費者」（『日経広告手帖』2004年9月号）2頁。
6) 同前論文，3頁。
7) 企業から提供された製品について情報を収集して選択し，消費するという受動的な存在ではなく，既存の製品・サービスを修正する（製品修正），新しい製品・サービスをつくる（製品創造），新しい用途を発見する（用途創造）といった「創造的消費」を行い，他者とコミュニケーションする能動的消費者のこと（濱岡豊「未来市場開拓プロジェクト・ディスカッションペーパー」2001年）。
8) ジリアン・ダイヤー，前掲書，126頁。
9) エリック・クラーク『欲望の仕掛け人』沢田博訳，TBSブリタニカ，1991年，22頁。
10) ブランド（brand）とは「売り手の製品やサービスを，他の売り手と区別させるものと認識させる名前，用語，デザイン，シンボル，その他の特性」(P. D. Benett ed., *Dictionary of marketing Terms*, 2nd ed., Chicago: AMA, 1995, p.27)。

11) 日本広告業協会『2003年日本広告業協会米国広告研修団報告』。

参考文献

ユーウェン, スチュアート『PR！』平野秀秋・他訳, 法政大学出版局, 2003年。

薄井和夫『マーケティングと現代社会』大月書店, 2003年。

天野祐吉『広告論講義』岩波書店, 2002年。

ウィリアムズ, ロザリンド・H.『夢の消費革命』吉田典子・田村真理訳, 工作社, 1996年。

ウィリアムスン, ジュディス『欲望の消費』半田結・松村美土・山本啓訳, 大村書店, 1993年。

ユーウェン, スチュアート『浪費の政治学』平野秀秋・中江桂子訳, 晶文社, 1990年。

キャンベル, ハナ『アメリカンブランド物語』常磐新平訳, 冬樹社, 1981年。

Blake, A., I. MacRury, M. Nava, B. Richards ed., *Buy this Book, Studies in advertising and consumption, Routledge*, 1997.

Baker, C. Edwin., *ADVERTISING AND A DEMOCRATIC PRESS*, Princeton University Press, 1994.

Davidson, M., *The Consumerist Manifesto*, Routledge, 1992.

Nevett, T. R., *ADVERTISING IN BRITAIN*, Heineman, LONDON, 1982.

第7章　世論・メディア・政府
近代日本における「見取り図」を描くために

奥　武　則

はじめに——課題と方法

世論と輿論

「世論」とは，さて何か。まずは，この問いに答える必要があるだろう。そうしないと，広げたふろしき（かなり，大きい？）をたちまち閉じる仕儀になりかねない。以下，最小限，本稿における私の「世論」への視点を記す。それは，同時に本稿の課題と方法を示すことにもなるだろう。

日本語の「世論」は困った言葉である。第一，読み方が定まっていない。「よろん」と読むのが多数派だろう。だが，「せろん」だって生きている[1]。さらに，もう少し複雑な事情もある。「輿論」という言葉があった。これは「よろん」と読む。1946年，当用漢字1850字が決まったとき，「輿」は当用漢字からはずれてしまった。そこで，「輿論」の「輿」には同じ音である「世」を当てて「世論」と書くようになった。ところが，困ったことに「輿論＝世論」とは別に「世論」という言葉も前からあった。これは「せろん」ないしは「せいろん」と読んだ。こちらは「輿論」とはかなりニュアンスの違う言葉だった。

「輿論」の「輿」は「こし」である。人を乗せた屋形の下に2本の長柄を通して肩に担いだり，手で提げて運ぶ。「神輿」となると，神様の乗り物，「おみこし」である。この他，「多くの人たち」という意味もある。「輿論」という熟語は，こちらの意味から生まれた。「輿論」はつまりは，「多くの人々の意見」である。

一方，「世論（せろん／せいろん）」の「世」は「世間」の「世」である。もともとは「風説」「世評」というニュアンスの言葉だった。どちらかとい

うと，マイナス・イメージが勝っている。『日本国語大辞典』（第2版）第7巻（小学館，2001年）には，「世論(せいろん)に惑はず政治に拘らず，只々一途に本分の忠節を守り」と説いた「軍人勅諭」（1882年）が用例として載っている。「世論（せろん／せいろん）」は，このように「惑わされてはいけないもの」という文脈で使われてきたのである。

　このような言葉の来歴を考えれば，「世論・メディア・政府」といった本稿の表題はいかにも「不用意」に思えるかもしれない。だが，「輿論」「世論（よろん）」「世論（せろん／せいろん）」をめぐる議論には，これ以上深入りはしない[2]。

メディア・中間にあるもの
　本稿が「世論」という言葉を使ってすくい上げたいと考えているのは，要するにさまざまなかたちで政府の政策決定や政策判断，さらにはその前提となる状況認識に影響を与える「多くの人々の考え」である。ここで，「多くの人々」とは何か，「考え」とは何か，といった議論も避ける。意味をできるだけ広く取ったうえでの常識的な理解で十分である。

　徹底した独裁政権を別にすれば，一般にどのような政治組織においても被治者は一方的に統治の客体として存在するわけではない。いかなる統治者も被治者から何がしかの「支持」を調達しなければ，有効な統治を遂行し得ない。つまり「多くの人々の考え」は，いつの時代にあっても「政府」とつながって来たのである（もちろん，その「つながり方」は時代や政治組織の構造によって一様ではない）。

　表題の「世論・メディア・政府」の両端，「世論」と「政府」との関わりを，本稿ではまず以上のように概括的にとらえておく。では，真ん中の「メディア」とはどういう存在なのか。二つの項にどのように関わるのか。

　メディア media は medium の複数形である。medium は，もともと「中間」あるいは「中間にあるもの」を意味する言葉だった。本稿の表題において，「メディア」はまさに「世論」と「政府」の「中間にある」わけだが，むろん単に「中間にある」だけではない。「中間にあるもの」は必然的に左右をつなぐ役割を果たす。「媒介」ないしは「媒体」といった意味が，そこ

から生まれた。

今日,「メディア」という言葉が使われるのは,ほぼこの意味においてである。本稿においても表題には,「世論」と「政府」を媒介するものとしての「メディア」の存在が含意されている。ここで,「メディア」は具体的には新聞を指している[3]。

「世論・メディア・政府」の構造モデル

すでに述べたように「世論」と「政府」はいかなる状況にあっても関わりを持つ。両者の関わりを,では,近代日本において「メディア」はどのように媒介してきたのか。

この問いかけに答えるべく,本稿では一つの「見取り図」を描くための前提作業を行いたい。具体的には,三つのケースについて,媒介項としての「メディア」が果たした役割に注目して,「世論・メディア・政府」の演じたドラマを記述する。小論という性格上,おおむね細部は割愛せざるを得ない。だが,もとより「あらすじ」を述べるつもりはない。できるだけドラマの「核心」をとらえたい。三つのケースは歴史的流れに沿っている。ただし,単純な進化（ないしは退化）を読み取る「発展段階論」的枠組みは意図していない。「世論・メディア・政府」に関する構造モデルを浮かび上がらせるところにねらいがある。

1　1874年・民撰議院設立建白書

『日新真事誌』が報道

1874（明治7）年1月17日,板垣退助,江藤新平,後藤象二郎,副島種臣ら8人は連名で「民撰議院設立建白書」を左院に提出した。

自由民権運動の直接的起点としてよく知られている歴史的事実である。だが,自由民権運動は,板垣ら8人が提出した建白書そのものによって始動したわけではなかった。板垣らが建白書を提出した翌日,『日新真事誌』が,その全文を掲載した。『日新真事誌』は前年11月,「左院御用」となり,左院に提出された建白書を適宜掲載するようになっていた。だが,提出翌日の

掲載である。「左院御用」の正規ルートから得たものではなかったことは明らかである。建白書の署名者の一人，小室信夫が「建白書」の写しを『日新真事誌』にあらかじめ送っておいたとも言われている。

　いずれにしろ，『日新真事誌』は知りえた情報をいち早く報道したのである。しかも，以後，『日新真事誌』は「民撰議院」設立の是非をめぐる「民撰議院論争」を主導し，多くのメディアがここに加わった。その結果，「民撰議院」に対する多くの人々の関心が喚起された。

　板垣らの「民撰議院設立建白書」が自由民権運動の輝かしい 1 ページとして記録されることになったのは，かかって，この過程を経たことによる。「世論・メディア・政府」という視点から見れば，新しい状況が開かれたのである。

　ここで近代日本の新聞草創期における新聞と政府の関わりについて詳述することはできないが，巨視的には，次のような変化を見ることができよう。当初，明治新政府は「新聞紙」[4]を何よりも「うさんくさいもの」として見ていた。だが，ごく短い期間の間に，それが文明開化を推進するための「有用な道具」であることに気づくのである。この間の状況は次のような法令の表現を通じて端的に知ることができる。

　明治新政府は 1868（慶応 4）年 6 月 8 日，「新聞紙私刊禁止布告」として知られる「太政官布告第 451 号」を出した。「近日，新聞紙類頻リニ刊行，人心ヲ惑シ候品不ㇾ少ニ付」として「官許」を規定し，違反した場合は「刊行書林」だけでなく，「頭取」や「売弘候者」まで処罰するという内容だった。取締りの対象は，発行元だけでなく，編集責任者，販売者にも及んだ。

「民撰議院論争」を巻き起こす

　ところが，1871（明治 4）年 7 月 19 日に出された最初の「新聞紙条例」は，第 1 条で「新聞紙ハ人ノ智識ヲ啓開スルヲ以テ目的トスベシ」と高々とうたったのである。さらに第 1 条第 2 項は「人ノ智識ヲ啓開スルハ，頑固偏隘ノ心ヲ破リ文明開化ノ域ニ導カントスル也」と続く。新聞を通じて人々を文明に導こうというわけである。新聞に向けた政府の熱い期待のまなざしが，ここに読み取れる。

「民衆」と「政府」の間の「中間にあるもの」としての新聞が，ここに登場したと言えるだろう。だが，それはいまだ本質的に前近代の上意下達の情報伝達と変わらなかった。情報が流れるベクトルは，政府から「中間にあるもの」を経て民衆に至る一方向しかない。江戸時代，村の高札場に掲げられる高札を思い浮かべてみよう。むろん印刷されてそれなりの部数が配布された新聞は高札とは比較にならない情報量と情報の伝播力を持っていたにちがいない。だが，政府側からみれば，新聞は文明開化という新しい政策を広めるための，いわば効率的な高札だった。

　では，「民撰議院設立建白書」の報道とその後の「民撰議院論争」において『日新真事誌』が果たした役割は，どのようなものだったか。

　『日新真事誌』が「民撰議院設立建白書」を掲載した翌日の1月19日，『東京日日新聞』もこれを載せた。以降，『日新真事誌』，『東京日日』，『郵便報知』，『新聞雑誌』，『横浜毎日』を舞台に「民撰議院」をめぐる論説，投書が掲載された。中嶋久人による詳細な研究[5]によると，1874（明治7）年上半期に87件（1月18日以前の3件は除いた）である。このうち『日新真事誌』に掲載されたものは，実に47件に及ぶ。内容的には「民撰議院設立」賛成の立場のものが27件である。

　しかも，中嶋が明らかにしているように[6]，『日新真事誌』が掲載した47件のうち13件は『東京日日』，『郵便報知』などに載った論説や投書を『日新真事誌』が重複して載せたものだった。その中には「民撰議院論争」において最も重要な論説の一つである加藤弘之「民撰議院ヲ設立スルノ疑問」なども含まれる。

　加藤の論説は2月2日の『東京日日』に出たもので，翌3日の『日新真事誌』にも掲載された。この論説は他の新聞にも載り，2月17日の『東京日日』で馬城台二郎（大井憲太郎）が反論，これに対して22日の『東京日日』で加藤が再反論するなど両者の間で論争が展開された。これは「民撰議院論争」の一つのハイライトであった。

上意下達の「高札」を超えて

　こうした『日新真事誌』の紙面展開は，明白な編集方針によって展開され

たものと考えるべきだろう。『日新真事誌』は 1872（明治 5）年 3 月 17 日，英国人ジョン・R. ブラック（1827～80 年）によって創刊された。ブラックはスコットランド生まれで，オーストラリアで商売をしていたが失敗し，英国への帰国の途中，幕末の日本に立ち寄った。一時的に滞在するつもりだったが，いくつかの英字新聞にかかわったことから，結局自ら日本語新聞の『日新真事誌』を出すことになった。

　ブラックには日本の新聞状況に対するある種のいらだちがあったようだ。ブラックは『横浜毎日』と『東京日日』について「論説を書こうとはせず，その日の事件についても，真面目に解説するものではない。その紙面は，いつもわいせつな小記事で塗りつぶされていて，外国人の眼には，情けないというよりも，害悪をもたらすように見えた。それでも日本人は楽しんでいるようだった。大部分の日本人は，新聞のなんたるかも，またその効用も知らなかったからだ」[7] と批判している。

　ここに西洋に対して東洋を先見的に劣ったものと見るオリエンタリズム的まなざしを見ることはたやすい。「いつもわいせつな小記事で塗りつぶされていた」というのも誇張に過ぎる。だが，「新聞先進国」の人間として，ブラックが日本の新聞のあり方に対して不満を持ったのは不思議ではない。『日新真事誌』を通じて，ブラックは自ら範を垂れたと言えるだろう。

　1874（明治 7）年 1 月 17 日，板垣退助らが「民撰議院設立建白書」を左院に提出した事実が，まずはあったことはまちがいない。署名を連ねた 8 人のうち，板垣ら 4 人は前年秋の征韓論政変で参議を辞任した人たちだった。「建白書」は，大久保利通を主軸とする現政権（「有司」）の専制を「民撰議院設立」を求めるかたちで批判したものだった。板垣らはついこの間まで政権内部にいた。「民撰議院設立建白書」をいち早く紙面に掲載することは，政府内部における権力争いを人々に広く知らしめる意味があった。

　『日新真事誌』はこの役割を担い，さらに「民撰議院論争」を主導することで，板垣らの「建白書」提出という事実を，政治的な争点に高めた。単に「民衆」と「政府」の「中間にあるもの」として，上意下達の「高札」を超えて，「メディア」として両者を媒介することになった。ここで「民衆」は情報を受け取るだけの存在から「世論」という情報回路の入力を生み出す存

在に変貌したのである。「世論・メディア・政府」の 3 者を相互につなぐベクトルが，ここに生まれた。

2　1905 年・日比谷焼打ち事件

講和反対の国民大会

1905（明治 38）年 9 月 5 日，東京・日比谷公園で日露戦争の講和に反対する講和問題同志連合会が国民大会を開いた。講和問題同志連合会は，これに先立つ 7 月 7 日，対露同志会，黒龍会，青年国民党など 7 団体の有志約 70 人によって結成された。当初は演説会の開催や檄文の発送などを中心に活動していたが，講和条件が明らかになってくるとともに臨時有志大会などのかたちで民衆を「反講和」に糾合する動きを始めた。

警視庁は大会の開催を禁止し，日比谷公園の入り口も封鎖していた。しかし，参加するために集まった人々は公園内になだれ込み，大会は強行された。「講和条約破棄決議」などが採択された後，公園を出た参加者たちと警官隊との間で衝突が起きた。騒擾は 6 日から 7 日まで続き，戒厳令が出され，軍隊が治安維持に当たった。結局，国民新聞社，首相官邸，内相官邸をはじめ，数多くの警察署，派出所，市電車両などが放火，破壊の被害にあった。死者は 17 人，検挙者は 2000 人に上った。

以上が，日比谷焼打ち事件の概要である。この事件については多くの研究が重ねられてきた[8]。ここでは「世論・メディア・政府」という視点から，この事件に光を当てる。ただし，日比谷焼打ち事件が起きる前提として戦前・戦中における新聞論調など，視点を限定したとしてもふれるべき重要なテーマは数多いのだが，本稿では割愛せざるをえない。

旅順，奉天の占領など日本軍の優勢が続く中，日露戦争はセオドア・ルーズベルト米国大統領の斡旋によって講和に動き出す。1905（明治 38）年 6 月には，ロシアはルーズベルト大統領の講和勧告を受諾する。8 月 10 日から，アメリカ北東海岸のポーツマス軍港で講和会議が始まった。日本側全権は小村寿太郎，ロシア側全権はヴィッテだった。

交渉は難航する。日本は領土割譲と賠償を要求し，ロシアはこれを拒否し

た。最終段階で日本が賠償要求を放棄し、ロシアも樺太南部の割譲を認めることで妥協が成立した。8月29日まで10回講和会議が重ねられた。日本では30日夕刻以後、新聞の号外で講和成立とその内容が人々に伝えられた。9月5日、講和条約は調印された。

各紙が「反講和」キャンペーン

講和条約の中身は8月31日に『国民新聞』が報道した。『国民新聞』以外のほとんどの新聞は「屈辱的講和」として政府を厳しく批判した。たとえば、9月1日の『東京朝日新聞』は『国民』を引いて講和内容を報じた記事に「大々屈辱の大理由」という見出しをつけ「開戦以来連戦連捷の我が日本帝国は、何が故に今回の如き屈辱に甘んじてまでも、講和の成立を図らざる可からざりしか」と論じた。

「講和反対」を主張する新聞の論理は、せんじ詰めれば、ここに引いた『東京朝日』の短い一文に尽きる。加えて、「屈辱講和」は「戦勝国」の当然の権利を放棄するもので、日露再戦の恐れがあるという主張もなされた。

『東京朝日』は同日から3面に「講和条件に関する投書」欄を特設した。「既定講和条件に対し各自意思発表の投書は其情理の貫く限り又我紙幅の許す限り尽く収載いたし候事に決定仕候」という社告も掲載して、読者に投稿を呼びかけた。この時期の『東京朝日』の3面はトップに「社説」(ただし「社説」などのタイトルはない)が載っているのが通常だが、「今日は此処も諸君に譲る」と「社説」を休載して、投書を収録している日もある。『東京朝日』がこの「投書特集」にいかに力を入れていたかがよく分かる。

その結果、日比谷焼打ち事件が起きる9月5日までのわずか5日間だけで実に115通もの投書が掲載された。多くは200〜300字。中には1200字を超えるものもある。「其情理の貫く限り」とうたい、広く講和に関する意見を求めたかたちになっているのだが、「屈辱講和」とした新聞社側の方針で取捨選択したうえでの掲載であることはもちろんだ。読者を動員した「反講和キャンペーン」だった[9]。

『東京朝日』は5日には、日比谷公園での国民大会を主催した講和問題同志連合会が大会前日の4日に配った広告ビラ「来れ愛国の士」の全文を掲載

した。「十万の忠魂と二十億の負担とを犠牲にしたる戦捷の結果は，千載拭ふ可らざる屈辱と列国四囲の嘲笑とのみ。果して何人の罪ぞや」で始まる文章は，翌日の国民大会について「天下同憂の士と共に其所志を明かにし，以て大に決するの所あらんとす。貴賤と老若とを問はず，苟も愛国の志あるもの奮つて来会せよ」と呼びかけたものである。

　同じ紙面には「講和憤激」の見出しがいくつも並んでいる。各地の状況を伝えたものである。日比谷公園の国民大会は午後1時開会とされていた。この日の朝，全国的に「講和憤激」の声が高まっていることを伝えるとともに，講和問題同志連合会の「檄文」を掲載した『東京朝日』は，つまりは読者に日比谷公園の国民大会へ参加するように呼びかけたと言っていい。

　むろん，『東京朝日』が突出していたわけではない。むしろ読者の投書を中心に紙面展開した『東京朝日』は「洗練」されていたというべきかもしれない。もともとセンセーショナルな紙面作りが真骨頂の『万朝報』や『東京二六新聞』(旧『二六新報』)は，より露骨に「反講和」を煽った。

　『万朝報』は，すでに8月27日，1面トップの「言論」欄で「破裂あるのみ」の見出しで「割地及び償金なきの談判は唯だ破裂あるのみ」と，あくまでも領土割譲と賠償金獲得を求めた。「言論」欄の見出しは，この後「卑屈，卑屈，卑屈」(8月29日)，「起て，我が国民」(8月31日)とエスカレートし，『国民』の報道で講和内容が明らかになった後の9月1日には「嗚呼，千古の大屈辱」となる。さらに翌2日からは連日，「国民の大不満」のタイトルを掲げて「屈辱講和」に憤激する人々の動向を伝えている。

　日比谷焼打ち事件当日の5日には「言論」欄は「破棄，破棄，破棄」の見出しである。「今に於ては唯，破棄の一あるのみ。卑屈醜辱なる講和条約を破棄して更に実力上の打撃を露国に加ふるにあらざれば，以て開戦の目的を達すべからざる也」と勇ましくぶちあげている。

　『二六』も9月2日から「公憤録」と題して，各界の著名人に「反講和」の見解を語らせる企画を連載した。一方，9月3日の論説「血!!! 血!!! 血!!!」では，読者に失われた日本人の「血」をリアルに認識させるべく，まことに奇妙な「計算」をしてみせている。日露戦争の死傷者10万人の「総血量は三千二百四十石」だとして，いろいろ計算の結果を示す。たとえば，

「此血潮を深さ一分のものとすれば……東京全市の地面を一体に血潮の池と為す得べし」といったぐあいだ。読者の情念を煽る直接的な「血のメタファー」である。

騒擾の中心は「都市下層」

もちろん，こうして講和条約を厳しく批判していた各新聞にしても，日比谷焼打ち事件のような騒擾は予期せざる出来事だっただろう。その点は国民大会開会を強行した講和問題同志連合会にしても同じだったはずだ。騒擾は連合会指導部の動向とは別に自然発生的に起きたものだったのである。検挙された2000人のうち起訴されたのは308人だったが，数人の代議士・弁護士・新聞記者を別にすれば，大部分は「職人・職工・人足・車夫・馬丁」とされている。

日比谷焼打ち事件は，「都市雑業層」あるいは「都市下層」と呼ばれるこれらの民衆がただ単に新聞に煽られて騒擾を起こした出来事でないことも明らかである。彼らには講和条約の「屈辱性」への怒りよりもむしろ目前の生活難，日露戦争下の増税などに対する不満が強かっただろう。市電車両が焼打ちの対象になったのは，仕事を奪われた「車夫・馬丁」の恨みが向けられたからだっただろうし，都市・東京における急速な産業化の進展は「職人・職工」の生活を苦しくしてもいただろう。

そうしたことを十分認識しつつ，ここでは，日比谷焼打ち事件において「世論」と「メディア」との関わりがいかなるものであったのかを考えたい。国民新聞社が襲われていることからも明らかなように，騒擾を起こした民衆にとって「メディア」が発信した言説の内容もまた大きな意味を持っていたのである。彼らが国民新聞社を襲ったのは，言うまでもなく，桂内閣を支持する『国民新聞』が講和条約賛成の論陣を張っていたからだった。

強硬に講和反対を主張した『東京朝日』をはじめとした新聞は，状況をどのように認識していたのだろうか。

ポーツマス講和条約を外交史的に考察する能力はもとより私にはないが，小村寿太郎の譲歩は条約成立のために必要なものだっただろうと常識的に考える。日露戦争は「大国ロシア」を相手に日本がようやく「勝利」を収めた

戦争だったとよく言われる。その通りだっただろう。講和破棄を唱えたとしても実際にロシアとの再交渉などありえないことは、当時にあっても冷静に考えれば十分に分かったはずだ。しかも、状況を日露戦前と戦後を比べると、日本はほぼ「戦争目的」を達成したとさえ言える。朝鮮半島が日本の勢力下に入り、ロシアの脅威は消えたのである。後知恵でなく、講和に反対する合理的理由は見出しがたい。

民衆の情念を煽動

　日露戦争が始まると、検閲は強化され、新聞は独自の戦況報道ができなくなった。その結果、当局が発表する戦時広報をいかに早く読者に提供するか、各新聞の競争は号外合戦として展開された。東京では『東京朝日』と『時事新報』、大阪では『大阪朝日』と『大阪毎日』が激しい号外合戦を繰り広げた。これは、かたちを変えた販売競争にほかならなかった。

　東京における号外合戦で勝利したのは『東京朝日』だった。日露戦争開戦前の1903（明治36）年4～9月期に7万1610部だった『東京朝日』の1日当たり発行部数は、日露開戦とともに増加し、1905（明治38）年4～9月期には10万7222部になった[10]。ポーツマスで小村寿太郎が苦渋の選択を強いられていた時期、『東京朝日』だけでなく多くの新聞はいまだ競って「戦勝」を伝えた華々しい号外合戦の酩酊の中にいたというべきかもしれない。

　目に見えるかたちの賠償金はなかった。この点はたしかに「湧き起こるナショナリズムと愛国心をすぐに満足させられるものではなかった」[11]だろう。だが、本来、民衆とは違うレベルで「政府」内部の情報を知りうる立場にある（あるいは、知るために努力するべき）「メディア」が、民衆と同じレベルで「湧き起こるナショナリズムと愛国心」の満足を求めてしまったら、「メディア」としてのまっとうな役割が果たせない。

　繰り返して言えば、日比谷焼打ち事件は複合的な要因によって起きた都市騒擾だった。だが、たしかな状況認識を持たないまま、民衆の情念を煽動した「メディア」の責任は大きかったと言わざるを得ない。国際的状況を正しく認識したうえで「メディア」がこぞって講和条約の内容について冷静な報道と論評を展開していれば、事態は大きく変わっていただろう。

日比谷焼打ち事件は「世論・メディア・政府」という三者の関わりにおいて、「メディア」から「世論」に向かうベクトルの重要さと危うさを同時に教えてくれる。

3　1931年・満州事変

柳条湖事件の速報

1931（昭和6）年9月18日夜，中国・奉天（現・瀋陽）郊外の柳条湖で南満州鉄道（満鉄）の線路が爆破された。

今日，この爆破事件は日本の関東軍が軍事行動を起こすために行った謀略だったことが知られている。満鉄は日本が日露戦争によって獲得した権益の一つとして国策会社を設立して敷設した鉄道である。その線路が爆破されたということになれば，関東軍は軍事行動を起こす大義名分が得られる。

満州事変が，こうして始まった。「満州国」建国から日中戦争，さらに太平洋戦争へと日本が破滅の道に転がりだす，最初の大きな一歩だった。

日本国内ではラジオが柳条湖での爆破事件を最初に報道した。19日午前2時ごろに入った日本電報通信社（電通）からの第一報を同日午前6時54分，放送史上，最初の臨時ニュースとして伝えた[12]。

新聞もこの電通の第一報で始動した。『東京朝日』について，初発段階の報道を見てみよう。縮刷版に残る19日朝刊の最終版（欄外に「市内版」とある）は2面トップ（この時期の『東京朝日』朝刊1面は広告面。記事面は2面が最初）で，本文にもふつうより大きな活字を使って事件を報じている。「奉軍満鉄線を爆破／日支両軍戦端を開く／我鉄道守備隊応戦す」という見出しである。記事の冒頭は「奉天十八日発至急報電通」のクレジットで，本文は「本日午後十時三十分奉天駐在の我鉄道守備隊と北大営の東北陸軍第一旅の兵と衝突目下激戦中である」だけだ。これは，最初のラジオ・ニュースと同じものだろう。交戦に至った理由は，まだ不明である。

続いて同じ「奉天十八日発至急報電通」のクレジットで「本日午後十時半北大営の西北において暴戻（ぼうれい）なる支那兵が満鉄線を爆破し我が守備兵を襲撃したので我が守備隊は時を移さずこれに応戦し大砲をもつて北大営の支那軍を

砲撃し北大営の一部を占領した」という記事が並んでいる。ここで初めて事件の「原因」が報道される。

この後，さらに状況の変化を伝える記事が続いているが，クレジットは「聯合」が一つある以外はいずれも「至急報電通」である。

自社航空機も使って大量報道

ところが，続いて縮刷版に収録されている「本紙不再録」の号外（題字の横に「昭和六年九月十九日【午前七時発行】」とある）になると，「奉天特派員十九日発」のクレジットで「日支両軍激戦を継続」「奉天軍の計画的行動」などの見出しの記事が１面と２面を埋めている。『東京朝日』（と『大阪朝日』）は事件の第一報を受け，記者・カメラマン８人を自社飛行機で奉天に急派した[13]。この特派員たちは19日未明には奉天に到着し，正規の朝刊締め切りには間に合わなかったものの次々に記事を送ったのだろう。

縮刷版には翌20日【午後四時発行】とある号外「日支両軍衝突画報」も収録されている。１面は紙面の半分近くを埋める「奉天城内攻撃に向ふ日本軍のタンク」など６枚の写真，２面（裏面）は各地の状況，国内外の動きなどの記事を収録している。写真は特派されたカメラマンが撮影し，陸路，京城（現・ソウル）を経由して自社航空機２機で空輸したことが記されている。「日支両軍衝突画報」はその後「満州事変写真画報」と名前を変え，たびたび号外として出される。

こうした物量にモノを言わせた大量報道は，多くの人々を興奮させただろう。しかも，当初から「暴戻なる支那兵」の仕業と断定されているのである。当然のごとく人々は「許しがたき支那」という反中国感情に駆り立てられただろう。それは大量報道に応じて増幅していったにちがいない[14]。

軍部を後押しした社論

こうした報道に加え，むろん社論が重要である。『東京朝日』は９月20日，３面の「社説」欄（前述のように「社説」などの表題はない）で「権益擁護は厳粛」の見出しで，社としての見解を打ち出した。「奉天における日支両軍の衝突は驚くべき恐るべき事態の発展として日本朝野に一大ショックを与

えた」という書き出しに続いて、「事件の発端は、支那側軍隊が満鉄線路を爆破したことに原因し、これがために日本軍の出動となり、遂に両軍の間に砲火を交ゆるに至ったこと、頻々たる急電の報じた通りである」と断じる。

さらに「自衛権の発動」という主張が続く。「……暴戻なる支那側軍隊の一部が満鉄線路のぶつ壊しをやつたから、日本軍が敢然として起ち、自衛権を発動させたといふまでである」。「満鉄線路のぶつ壊し」という表現が、いかにも俗っぽい。「事件」の原因を中国側に帰しただけではない。「正当なる日本の満蒙における権益を根こそぎ破壊しようといふのが、支那側官民の目的」だとして、この間、「幾多の条約じうりんは一々数ふるに堪へない程」と述べる。「堪忍袋の緒が切れた」というわけだ。

もっとも、『東京朝日』としても日本と中国の全面的な軍事対決になる事態は避けるべきだとしていた。「その後支那軍の抵抗さたもほとんどやみ、秩序が完全に維持されてゐることは何より」であり、「……一日も早く外交交渉に移して、これを地方問題として処理することに違算なきを期すべきである」というのである。

よく知られているように、時の若槻内閣は関東軍の「暴走」によって起こった事態の処理に苦慮していた。「自衛権の発動」というかたちで、関東軍の軍事行動を容認するかどうかが、最初の難問だった。『東京朝日』の社論は、こうした状況の中で、関東軍の立場に立って若槻内閣に「勇断」を迫るものだった。

読者の排外熱に火を点ける

9月21日には朝鮮駐在の日本軍がふたたび現地司令官の独断によって国境を超えてしまう。これに対して『東京朝日』は23日朝刊で「軍司令官の独断専行で国外出兵することが出来る制度にも疑問があらうし、外務当局と無関係に軍事当局が行動し得る事実にも批判の加ふべきがある」としながらも、「事実において陸軍が動いた以上は、それは帝国陸軍が動いたのである。……閣議はすべて未決定なりと発表して荏苒(じんぜん)勇断に欠けるが如き印象を与ふることはもつとも愚である」と論じた。「既成事実」を根拠に、ここでも『東京朝日』は若槻内閣に「勇断」を迫ったのである。

この時期の『東京朝日』（=『大阪朝日』）の言論に関して，荒瀬豊は戦前・戦中のメディアの責任を論究したその先駆的業績の中で「一方において軍事行動を国策とするために政府のシリをたたき，他方で軍の政治的発言をいましめることによって，国論の統一と政治=軍事の調停をはかる」[15]意図があったことを指摘している。具体的には「政党政治」の原則と満蒙の権益擁護を同じウエイトで主張したというのだ。だが，荒瀬も述べているように，「政党政治」についての主張はたちまちのうちに後景に退いてしまうのだった。

　報道にしても論評にして，満鉄線路の爆破を「暴戻なる支那軍」の仕業と当初から断定していた。関東軍の発表に基づくものだが，メディアもこれを裏付ける独自の報道を展開する。たとえば，9月23日『東京朝日』朝刊は「日支衝突の導火線／満鉄爆破現場を視る」という「園田特派員発」の記事を7面トップで大々的に掲載している。「爆破現場を視る」といっても，「最前線に立つて北大営攻略を行つた独立守備隊第二大隊の大隊長島本中佐」らの説明をもとにした記事なのだが，見出しは「支那兵計画的の／形跡歴然たり」となっている。9月26日の号外「満州事変写真画報」では，「爆破下手支那兵が逃走の途中残した血痕」と説明がある「現場写真」3点も収録している。

　先に書いたように，今日，満鉄線路の爆破は関東軍の謀略であることが知られている。だが，実のところ，このことは今日になって分かったことではない。外務当局は当初から奉天総領事館の情報で，関東軍の謀略である事実をつかんでいたし[16]，それは現地の記者たちの間でもささやかれていた[17]。にもかかわらず，新聞は「自衛権の発動」を語って政府の尻をたたき，一方でたびたび発行された号外をはじめとした一面的な大量報道によって読者の中国に向けた排外熱を一気に上昇させた。

熱狂した慰問運動

　満州事変に対する国民の熱狂を高めることになったという点では通常紙面での報道や論評以外の部分でメディアが果たした役割も大きかった。江口圭一が注目したように[18]，それは新聞社の編集したニュース映画や「従軍記者

戦況報告講演会」などの各種イベントだった。

　ニュース映画やイベントはまだ報道や論評の枠内と言えないことはないだろうが，この時期，新聞社が争って取り組んだ慰問運動となると，これは明確にジャーナリズム本来の役割を超えるものだった。ここでも，『東京朝日』＝『大阪朝日』と『東京日日』＝『大阪毎日』の「活躍」がひときわ目だった。『東京朝日』＝『大阪朝日』は10月16日，慰問金募集を社告した。自ら金1万円を支出して2万個の慰問袋を調整して，その上で1口50銭以上の慰問金を一般から募ったのである。一方，『東京日日』＝『大阪毎日』はその前日に「満州慰問使特派」の企画を発表していた。『東京日日』論説委員の阿部賢一と『大阪毎日』編集顧問の楢崎観一を現地に派遣し，合わせて清酒55樽を慰問品として贈るという内容だった。

　慰問運動の「成果」の詳細にふれることはできないが，『東京朝日』＝『大阪朝日』の運動はもとより，慰問金の募集をしなかった『東京日日』＝『大阪毎日』にも慰問金は殺到した。前者の場合，1932（昭和7）年6月6日の紙面に載った決算によると，45万3746円22銭に上った。

　『大阪毎日』と『大阪朝日』が「発行部数100万部突破」を宣言したのは1924年初めだった。満州事変の起きた時期，すでに「大衆新聞」が誕生していた。「大衆新聞」は営利を追及する大企業でもあった。それだけに「世論」と「政府」の「中間にあるもの」としての「メディア」のパフォーマンスは複雑になっていた。一方，この時期の民衆もまた単にメディアに煽られたことだけで排外熱を上昇させたわけではないことは明らかである。1929年の大恐慌を契機にして日本でも厳しい不況の時代が始まっていた。出口のない閉塞感が漂う中，中国大陸での日本軍の「活躍」に人々は熱狂したのである。

　だが，「世論・メディア・政府」という視点からは，この時期，メディアから民衆に向けられたベクトルの異様さにこそ注目しなくてはならない。メディアは事実を究明する姿勢を当初から放棄して，軍部の発表をそのまま伝えただけでなく，「自衛権の発動」「満蒙の権益」という軍部の主張を代弁して，若槻内閣に「勇断」を迫ったのである。日比谷焼打ち事件の際にはまだ存在した「国民の声を代弁する」という姿勢は，ここではほとんど見られな

い。軍部から弾圧を受けたわけでもなければ，政府から求められたわけでもない。メディアは自らの選んだ道において人々を戦争へと駆り立てたのだった。

おわりに——四つの「構造モデル」

「文明開化モデル」と「通常モデル」

最後に，これまで取り上げてきた三つのケースについて，本稿の課題にそったかたちで，いちおうの構造モデルを提出したい。私の考える構造モデルを四つの図にした。

まず，これはいわば補助的に，ということになるのだが，三つのケースに先立つ文明開化の「世論・メディア・政府」の関係を示したものが，図1の「文明開化モデル」である。メディアは政府の主導する文明開化の有用な道具として存在した。「世論」は他のモデルほど鮮明になってはいない。

次に「1874年・民撰議院設立建白書」から描き出されるモデルが，図2の「通常モデル」である。『日新真事誌』が板垣退助らによる「民撰議院設立建白書」の提出をいち早く報道したことによって，政府部内の対立が人々の前に明らかになった。さらに『日新真事誌』が中心になって「民撰議院論争」が繰り広げられることによって，「世論」は「政府」の政策決定に対す

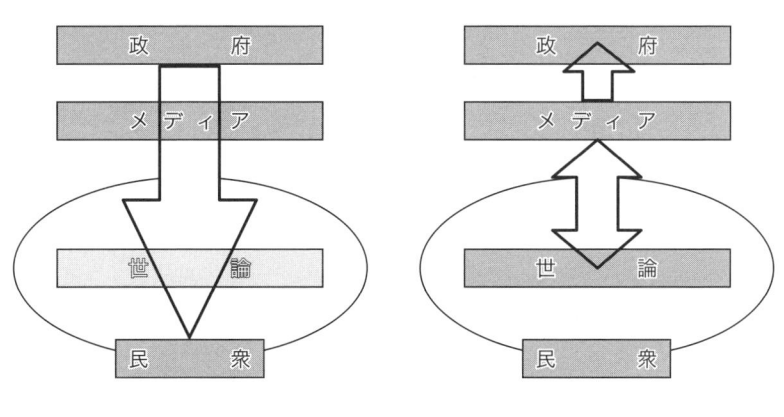

図1　文明開化モデル　　　　　図2　通常モデル

図3　煽動モデル　　　　　　図4　排外モデル

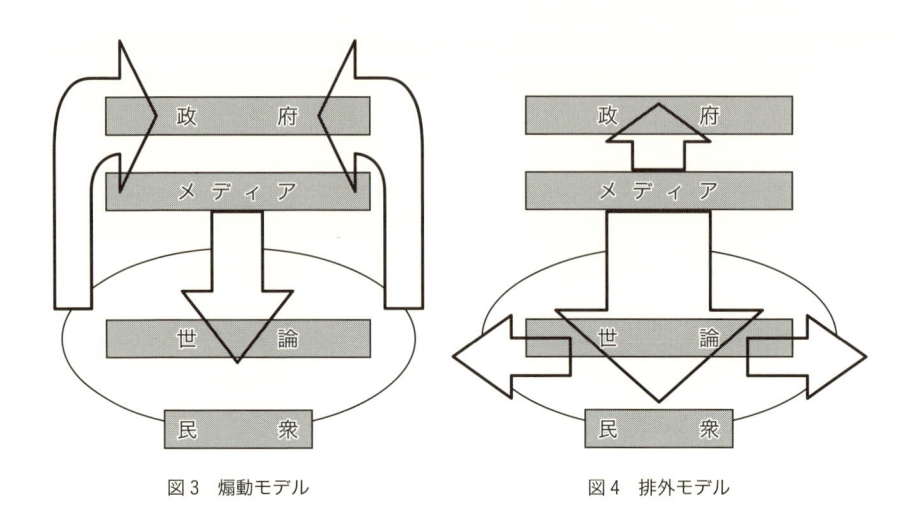

る入力ともなった。

「煽動モデル」と「排外モデル」
　続いて，「1905年・日比谷焼打ち事件」を通じて「煽動モデル」（図3）と名づけるものを抽出したい。メディアの多くは十分な情報提供をしないまま，人々の「反講和」の情念を煽り，それは民衆の暴動となって「政府」攻撃につながった。
　最後の「排外モデル」（図4）は，「1931年・満州事変」で明らかにしたことを，「世論・メディア・政府」に沿ってモデル化した。すでに文字通りのマス・メディアとなったメディアは事実の究明をなおざりにしたまま，一方的な情報を大量に流して，人々の排外熱を高めた。報道や論評といったかたちだけではなく，さまざまな方法が，ここでは駆使された。そうしたメディアによって人々の中国・中国人に向けた排外意識は一気に増幅した。

「理念型」として
　もとよりこれらの図はさまざまな要素を切り捨てて単純化したものである。本稿で取り上げた具体的ケースにしてもこの図によってすべて説明できると考えているわけではない。本稿では具体的ケースの細部についてはほとんど

言及していないが，それぞれの出来事にしても個々の局面では「世論・メディア・政府」の関わりが一様だったはずはない。

むしろ，個々のケースはこれら四つの構造モデルが絡み合って展開すると言うべきなのだ。これらの構造モデルを「理念型」として用いることで「世論・メディア・政府」に関わる出来事が読み解くことができないだろうかと考える。最初に述べたことを繰り返せば，これらの構造モデルを「発展段階論」的に提示したつもりはない。現代の高度情報消費社会における「世論・メディア・政府」も，四つの構造モデルと無縁ではない。

注
1) ＮＨＫ「第3回現代人の言語環境調査」（1989年実施）によると，東京圏の16歳以上の人で「よろん」と読む人が63％，「せろん」と読む人が34％だった（ＮＨＫ放送文化研究所世論調査部編『ＮＨＫ世論調査事典』大空社，1996年，16頁）。
2) この問題については，宮武実知子「世論（せろん／よろん）概念の形成」（津金澤聰廣・佐藤卓己編『広報・広告・プロパンダ』（ミネルヴァ書房，2003年，第3章）が詳しい。幕末以降の漢語・国語・外国語辞書を広範に渉猟し，「輿論」と「世論（せろん・せいろん）」があいまい化していった過程を解明している。また，佐藤卓己「あいまいな日本の「世論」」（同編『戦後世論のメディア社会学』柏書房，2003年，序章）も，二つの言葉の区別の重要さを指摘している。英語との関係では，輿論は public opinion，世論（せろん／せいろん）は popular sentiments とされている。こうした研究に教えられたところは少なくないが，本稿では，あえて「あいまいさ」を選んでいる。
3) 新聞をもってメディア（マス・メディア）を代表させることができないことは言うまでもない。しかし，本稿が対象とする20世紀前半，テレビは登場していない。ラジオの普及率もまだ低かった。したがって，考察の対象は新聞になる。ただ，本稿の射程は20世紀前半にとどまるものではないと考えている。表題には「メディア」を採用した所以である。
4) 「新聞紙」は newspaper を指す言葉である。「新聞」は当初，news の意味で使われるのが一般的だった。
5) 中嶋久人「『日新真事誌』と民撰議院論争——外国人ジャーナリストと「民主化」」（『自由民権』第13号，町田市立自由民権資料館）2000年3月。
6) 中嶋久人，同前論文，37頁
7) ジョン・ブラック『ヤング・ジャパン1』ねず・まさし，小池晴子訳，平凡社（東洋文庫），1970年，189頁。
8) 中村政則・江村栄一・宮地正人「日本帝国主義と人民——「九・五民衆暴動」をめぐって」（『歴史学研究』第327号，1967年8月），宮地正人『日露戦後政治史の研究』（東京大学出版会，1973年），松尾尊兊『大正デモクラシー』（岩波書店，

1974年）などが研究の新しい水準を開いたとされる。近年では都市社会や民衆意識の動向に注目したいくつかの研究がある。能川泰治「日露戦時期の都市社会——日比谷焼打事件再考」（『歴史評論』第563号，1997年3月），藤野裕子「日露講和問題をめぐる政治運動と民衆の動向」（『民衆史研究』第66号，2003年11月），同「都市騒擾期の出発——再考・日比谷焼打事件」（『歴史学研究』第792号，2004年9月）など。

9）藤野裕子は「投書の主張は必ずしも社説と同様の論理ではない。投書と社説との異同をはかることで，民衆独自の論理の一端が明らかになると考える」として，これらの投書を詳しく分析している（藤野，前掲「日露講和問題をめぐる政治運動と民衆の動向——日比谷焼打事件再考にむけて」56頁）。「投書と社説との異同」はたしかにあるのだが，ここでは，「反講和」に向かう人々の情念をすくいあげることをによって自らの主張を補強しようとした『東京朝日』の「読者動員」の要素に注目したい。

10）佐々木隆『日本の近代14　メディアと権力』中央公論新社，1999年，221頁。

11）佐々木隆，同前書，228頁。

12）日本放送協会『20世紀放送史　年表』2001年，40頁。午前6時半のラジオ体操の冒頭で速報しようとしたが，東京逓信局の許可が得られず，6時54分になったという。ちなみに，9月中の臨時ニュースは17回に及び，速報体制に劣る新聞・通信社は臨時ニュース放送の中止を申し入れた。

13）9月20日の『大阪朝日』は特派員団の急派について，社告で「事変の実相はもとより，我が軍の行動，支那側の策謀，その他刻々の情勢を速報するに遺憾なきを得ることを信じます」とうたっている。特派員の数はその後さらに増える。

14）ここでは『東京朝日』の事例にふれただけだが，『東京朝日』＝『大阪朝日』とともに当時の2大マスメディアだった『大阪毎日』＝『東京日日』も，『東京朝日』＝『大阪朝日』と競って特派員の大量派遣と自社航空機の利用によって大量報道を展開した。

15）荒瀬豊「日本軍国主義とマス・メディア」（『思想』1957年9月号）岩波書店，38頁。

16）たとえば，2003年4月に明らかになった外務省の内部文書「日本外交の過誤」を素材にした小倉和夫『吉田茂の自問——敗戦，そして報告書「日本外交の過誤」』（藤原書店，2003年）には，満鉄理事から「今次の事件は全く軍部の計画的行動に出たるものと想像せらる」という内報を本国に連絡した奉天総領事館の電報が紹介されている（同書，47-48頁）。

17）江口圭一は，現地に特派された『大阪毎日』門司支局の野中成童記者が帰国後，「其真相（日本軍の謀略）を知るに及び馬鹿らしく，到底真面目に勤務すること能はざるを以て社命を俟たずに帰来」したと友人に話したという例を『憲兵情報』によって紹介している（江口圭一『昭和の歴史④十五年戦争の開幕』小学館，1988年，101-102頁）。なお，池田一之『記者たちの満州事変——日本ジャーナリズムの転回点』（人間の科学社，2000年）は当時，『大阪毎日』門司支局には「野中成童」という名前の記者は在籍せず，『憲兵情報』の該当者は門司支局に在籍し

た「野中盛隆」だろうと推定している。
18) 江口圭一「満州事変と大新聞」（『思想』1973 年 1 月号），岩波書店。

　　参考文献（本文および「注」でふれたものを除く）
奥　武則『大衆新聞と国民国家——人気投票・慈善・スキャンダル』平凡社，2000 年。
─────『スキャンダルの明治——国民を創るためのレッスン』ちくま新書，1997 年。
稲田雅洋『自由民権の文化史——新しい政治文化の誕生』筑摩書房，2000 年。
ヤング, L.『総動員帝国——満洲と戦時帝国主義の文化』加藤陽子ほか訳，岩波書店，
　　　2001 年。
津金澤聰廣・有山輝雄編著『戦時期日本のメディア・イベント』世界思想社，1998 年。
山本武利『近代日本の新聞読者層』法政大学出版局，1981 年。
有山輝雄『近代日本ジャーナリズムの構造』東京堂出版，1995 年。
佐藤卓己『現代メディア史』岩波書店，1998 年。
朝日新聞百年史編修委員会『朝日新聞社史　大正・戦前編』朝日新聞社，1991 年。

第8章 情報環境の権力構造
情報の秘匿と公開

石坂 悦男

1 情報環境と状況認識

　状況（現実）を正確にとらえるためには適切な情報の入手が欠かせない。情報の過少は確かな状況認識を妨げ，情報の過多もまた現実を見えにくくし，見誤らせる。

　現代においては，人々の日常の直接体験を超えたところで生じた出来事が不可避的に自分自身の日常に深く関わってくるのだが，その出来事を知りその様相や意味をとらえることが困難になっている。それは，状況のひろがりへの人々の認識が，マス・メディアがつくる情報環境（複製環境）に大きく依存しているからである。この現実を見えにくくその意味をとらえにくくしている情報環境は，マス・メディアにより構成・再生産され，政府や大企業の情報管理（情報の秘匿と大量流布）・情報操作によって支えられている。

　たとえば，「9・11同時多発テロ」に続くイラク戦争の現実とその歴史的意味を，われわれは正確にとらえ得ているかを問うて見ればよい。2003年3月20日イラク戦争が開始されるに至る過程で，ブッシュ政権はイラク攻撃の正当性の根拠（開戦の大義）として，イラクの大量破壊兵器の保有，旧フセイン政権と同時多発テロとの関係やテロ組織（アルカイダ）との結びつきを強調し，ブレア英国首相もまた，「イラクの大量破壊兵器の脅威」を参戦の大義に掲げ，このことをマス・メディアが大規模に繰り返し報道した。開戦後も，フセイン大統領の銅像が引き倒される映像，飛行服に身を包み航空母艦リンカーンのデッキで勝利宣言をするブッシュ大統領の映像などなど，米英政府の主張と一体の映像が波状的に繰り返し世界中に流された。

　しかし，イラク戦争に関する情報の量的増大と日常化にもかかわらず（む

しろそのことによって），この戦争の現実は見えにくくなり，その意味をとらえにくくなった。まさに「情報過剰が情報過少に通じる」状況が生み出されたのである。少なくとも，開戦直後の報道は戦争全体を覆い隠すように機能し，戦争の実体を見えないものにした（この点は，ほぼ1年後，米英の有力メディアが自らの報道の過誤を自己批判したことからも判る）。

　日本では，政府が米英のイラク攻撃を支持した際も，憲法上疑義がある戦時下イラクへ自衛隊を派遣する際にも，十分な説明がなされなかった。この説明（情報）の過少もまた，イラク戦争とわれわれの日常を遮断し，そのつながりを見えにくくした。

　こうした状況で，しかし，イラク戦争のもうひとつの現実を映す事実（たとえ断片であれ）を見せたのもマス・メディアであった。英国でイラク参戦をめぐってBBCが政府の情報操作疑惑を問題視し，「政府はイラクの大量破壊兵器の脅威を誇張した」と報道したこと，リンチ上等兵救出をめぐる虚報が暴露されたこと，さらに『ニューヨーカー』（ネット版）に端を発したアブグレイブ刑務所におけるイラク人虐待写真の衝撃的な報道，イラク攻撃を主導した戦争当事国（米英両国）の調査委員会（米国上院情報特別委員会・独立調査委員会・米調査団，英国バトラー委員会）の報告によって開戦の大義がすべて否定されたことなどなどの報道を契機に，それまでとは異なるイラク戦争の現実（状況）が見えはじめたのである。これらの事実の報道は，政府情報の信憑性に人々の目を向けさせ，それまで隠されて見えなかったイラク戦争のもうひとつの現実を人々にとらえさせる手がかりを与えた。これを可能にしたのは，マス・メディアの自律的営為（相対的であるにせよ）にほかならない。

　イラク戦争の現実への関わりからも知れるとおり，われわれが日常の視野のひろがりのなかで現実を見誤らないためには，まず状況認識の回路を遮断している情報環境の構造とその特徴を把握しておく必要がある。

2　情報の秘匿と保護

(1) 国民主権と国家秘密の保護
＊国家秘密とはなにか

　現代の民主主義社会は，国民主権の原理，代表民主政の原理に立脚している。それゆえ，国政や地方自治体の施政に関する情報は，本来（憲法上）主権者としての国民（住民）に十分知らされなければならない。「そもそも国政は，国民の厳粛な信託によるものであって，その権威は国民に由来し，その権力は国民の代表者がこれを行使し，その福利は国民がこれを享受する」（日本国憲法前文）のである。政治のあり方を最終的に決定する力が国民に存するのであるから，国民がその力を十分に行使し，国民主権の理念を実質化するために，国民は国政について十分な情報を知る権利があり，政府は国政に関して十分な説明をする責務がある。ところが，政府が対外的に秘匿し法的に保護されている情報（国家秘密）が存在し，政府と国民との情報回路を遮断しているのである。国政（政府の活動）に関して国民に知らされていない情報は少なくない。

　国家機密の中心は軍事（防衛）と外交に関する情報であるが，その範囲や内容はあいまいで明確ではない。かつて国会に上程されたいわゆるスパイ防止法案（「国家秘密に係るスパイ行為等の防止に関する法律案」1985年，廃案）は，国家秘密を次のように規定した。

> 「この法律において「国家秘密」とは，防衛及び外交に関する別表[1]に掲げる事項並びにこれらの事項に係る文書，図画又は物件で，我が国の防衛上秘匿することを要し，かつ，公になっていないものをいう」（2条）。

　ここでは，国家秘密の要件として，①「防衛（軍事）及び外交に関する別表に掲げる事項とこれらの事項に係る文書，図画又は物件であること，②わが国の防衛（軍事）上秘匿することを要するものであること，③公になっていないこと（非公知性）が挙げられている。この規定でもまだ秘密の範囲は

あいまいで，その対象は広く，明確ではない。その範囲や内容は政府の判断で自由に決定される。ある情報を実質的に「秘匿の必要」があると政府が認めれば，それは国家秘密となる。それを通報したり探知・収集したり漏洩したりすれば処罰される。しかも，国家秘密であることを国民に公表しておく必要がないので，国民には何が秘密として扱われているかさえわからないのである。このような日本における国家秘密の特徴と問題は，国家秘密を保護する法制度の歴史的展開の中により明確に見ることがきる。

＊国家秘密の保護法制

　日本は国家秘密を保護する法制度が強固に構築されてきた歴史をもっている。国家秘密保護の制度化は，明治政府の比較的早い時期から着手され，新聞・出版規制，軍刑法の間諜罪等の規定，官吏服務規律による守秘義務（1887，明治 20 年），要塞地帯法および軍港要港規則，軍機保護法（1899，明治 32 年）などの各種の国家保護法が制定された。これらの法制は富国強兵策と一体の，軍事上の秘密保護に向けられたものであった。

　この時期に制定された国家秘密保護法制は，1930 年代後半に入って質的な発展を見せた。戦時体制への移行・軍部独裁・対外軍事進出の下で，軍機保護法改正（1937，昭和 12 年），国家総動員法の成立（1938，同 13 年），軍用資源秘密保護法（1939，同 14 年），国防保安法（1941，同 16 年）等の秘密保護法が相次いで制定され，国家秘密の保護法制が著しく強化された。第 2 次大戦前の国家秘密保護法制の頂点に立つ国防保安法は，「国家機密」をこう規定している。

　　「国防上外国ニ対シ秘匿スルコトヲ要スル外交，財政，経済其ノ他ニ関スル重要ナル国務ニ係ル事項」（最高刑は死刑）。

　第 2 次大戦前の日本の国家秘密保護法制は，それが軍事秘密保護を中心とするものであり，軍国主義の展開と密接に結びついていたところにその特徴がある[2]。

　こうした近代日本において形成された戦前の軍事秘密保護を中心とした国家秘密保護法制は，第二次大戦後，平和主義と基本的人権の尊重，国民主権

と民主主義を柱とする日本国憲法下で廃止されたが，米軍による占領下での日本軍国主義の復活という政治状況のなかで，再びしかも特異な形で復活した。ここに，日本国憲法の下でも国家秘密が存在することになり，それを保護する法制度がつくられたのである。まず，1952 年のサンフランシスコ平和条約と旧日米安全保障条約の締結に基づく日米地位協定の実施に伴う刑事特別法＝安保刑特法（1952，昭和 27 年）により，在日米軍の秘密を保護する制度が制定された。同法は，米軍の秘密を探知，収集，漏洩する行為を処罰（10 年以下の懲役）するばかりでなく，その陰謀，教唆，煽動をも，また米軍基地への立ち入りや軍用物の損壊をも広く処罰する。

安保刑特法に続いて，日米相互防衛援助協定等に伴う秘密保護法（MSA 秘密保護法）が公布され，同協定に基づき米国政府から日本に供与された装備品等やそれに関する文書，図画などの情報で，公になっていないものを「防衛秘密」と定めて，その秘密性を保護することを目的として，刑事特別法と類似した処罰規定（防衛秘密の探知，収集行為や漏洩行為に対して最高 10 年の懲役刑）を設けている（3 条）。

安保刑特法と MSA 秘密保護法は，もっぱら米軍の軍事秘密の保護を目的としているが，日本の軍事秘密を保護する法規も自衛隊の設置とともに復活した。自衛隊法（1954 年）の制定である。自衛隊法は，自衛隊員等の服務規律を定める守秘義務規定によって秘密を保護する。すなわち，隊員等が職務上知りえた秘密を漏らした場合をはじめ，そのような行為の教唆・幇助をも処罰する。また，同法と一体で，「秘密保全に関する訓令」などにより，秘密指定手続き，秘密指定の区分と基準，秘密指定対象事項などの細目が定められている。

以上に見たような過程を経て制定された戦後の日本における国家秘密保護法制は，軍事秘密性と対米従属的性格を基本的特徴としており，日本国憲法の平和主義と国民主権の観点から重大な疑義がある微妙な政治的バランスの上に成り立っている。そしてこの特徴が，その後現在に至る日本の国家秘密保護法制の在り様を規定する。刑法改正により防衛・外交秘密の保護規定を設けようとする再三の試みは退けられ，「国家秘密法」も存在していない。

だが，その一方で，すでに見たような特徴をもつ戦後日本の国家秘密保護

法制の下で，軍事秘密の保護によってさらに新たな軍事秘密がつくりだされるという事態が生み出されることになった。たとえば，日米共同作戦態勢を具体化するための「日米防衛協力のための指針」(「ガイドライン」)や「日米共同作戦計画」の内容は，安保刑特法により，国会の追及によってさえその内容は明らかにされていない。また，「ガイドライン」に基づく「極東有事」研究と「シーレーン防衛」共同計画，「防衛力整備計画」やリムパック (環太平洋合同演習)，さらに非核三原則の運営実態なども秘密扱いとされている。そのひとつの結実として，周辺事態法 (周辺事態に際し我が国の平和及び安全を確保するための措置に関する法律) が制定された (1999年5月)。

こうした日本の国家秘密保護法制は，その後2001年の米国における「9・11同時多発テロ」発生に関連して大きく変容した。自衛隊法が改正され，軍事情報を広く保護する防衛秘密法制が創設されたのである。この防衛秘密法制のしくみは，防衛秘密漏洩罪を新設し，防衛庁長官に「防衛秘密」を指定する権限を委ね，従来の自衛隊員の守秘義務規定に加えて，自衛隊員だけでなく，防衛秘密を扱う一般公務員や民間の防衛産業の従業員などをも広く漏洩処罰の対象とした。従来の守秘義務条項が対象としてこなかった未遂犯，過失犯，国外犯も新たに処罰するとともに，漏洩には従来の5倍もの重罰を科すというものである[3]。国家秘密が秘密を増幅させる構造は現在でも変わらないどころか，自衛隊法改正に続く，武力攻撃事態法，有事法制へと推移する中で拡大されている[4]。

ところで，国家秘密を保護しているのは，以上に挙げたような軍事 (防衛) 関係の個別法体制によるだけではない。公務員法の守秘義務規定や情報公開法の情報公開の例外規定などによっても秘密が保護されている。国家公務員法では秘密漏洩行為に加えて，そのそそのかしや幇助行為に対しても1年以下の懲役または3万円以下の罰金を科している。「秘密とは非公知の事実であって，実質的にもそれを秘密として保護するに値すると認められるもの」とされ，その判定は司法判断に服する (最高裁昭和48年 (あ) 第2716号，同52年12月19日第二小法廷決定)。

また，情報公開法 (行政機関の保有する情報の公開に関する法律，2001年4月1日施行) は，後に述べるように，行政機関の保有する情報の公開を

図ることを目的としているが，国家秘密（防衛・外交情報）は情報公開の例外，非開示情報として合法的に認められているのである。すなわち，情報公開法は，「公にすることにより，国の安全が害される恐れ，他国若しくは国際機関との信頼関係が損なわれるおそれ又は他国若しくは国際機関との交渉上不利益を被るおそれがあると行政機関の長が認めることにつき相当の理由がある情報」を非開示とすることを認めている。（第5条第3号）。国家秘密は情報公開法によっても保護されているのである。

では，国家秘密（軍事秘密や外交秘密）の存在は国民にとっていかなる意味をもつのか。国家秘密の保護は果たして正当化されうるだろうか。

＊情報は誰のものか——国家秘密と国民主権

国家秘密に関して，国家主権を維持するために国家秘密は必要であるという主張がある。しかし，国家秘密の保護が国民の利益になるのならその意義は認められるが，国家の利益と国民の利益は必ずしも一致しないばかりかしばしば対立する。それゆえ，主権国家であるために国家秘密が許容されるとはいえない。そもそも日本は完全な主権国家であるか否か議論の分かれるところであるが，いずれにせよ，国民の利益を代表しない国家は秘密をつくるといってよい。また，「平和主義に立脚する日本国憲法の下では，憲法9条により戦争を放棄し戦力の不保持を定めているので，軍事秘密は認められない」という主張もある[5]。

すでにみたように，国家秘密の中心はつねに軍事秘密であり，現在の軍事秘密の中心は「核（兵器）の問題」である。核に関する軍事秘密は核戦争の危機を増大させる。現に，日本はいわゆる「非核三原則」（「核兵器を持たず，作らず，持ち込ませず」）を政治指針（政策）に掲げているが，その実態は国民には秘密にされており確認することができない。核の使用は人類の絶滅を結果するという状況においては，核廃絶による核戦争の防止以外に核問題に関する国民の利益はなく，核に関する軍事秘密が国民の安全（利益）に反することは容易に認めうるであろう。しかし，現に自衛隊が存在し，軍事（防衛）秘密（情報）が存在する。国家秘密をめぐって理念と現実（実態）の乖離にどう対応すべきであろうか。

問題は，国家秘密が存在することによって，マス・メディアの取材・報道

活動や国民の研究・調査・表現活動が妨げられざるをえないところにある。政府情報や自治体情報への国民の自由なアクセスを妨げる国家機密の厚い壁をいかに破るかは，国民主権原理にもとづく民主主義社会とって重要かつ根本的な課題である。

(2) 企業の公共性と企業秘密の保護

＊企業秘密とはなにか

　国民が知りたい情報が国民の目から隠され秘匿されているのは，国家秘密（軍事・外交秘密）に限られたことではない。国民にとって必要な企業情報に関しても，企業秘密であることを理由に，知りえないことが多い。大企業体制が確立している現代の経済社会では，国民の生命や生活が企業活動の影響を強く受けているにもかかわらず，企業の活動のほとんどは，企業秘密（社外秘）として秘匿されているため一般に知られることはない。国民は企業の活動について知りたいことを知らされていないのである。

　企業秘密とは何か。企業秘密とは，「企業が知らせたくないことを知らせない自由」である。企業秘密は，営業秘密にせよ技術秘密にせよ，まさに秘密とされているので，その具体的な内容は特定できない。企業秘密は，一般的形式的にいえば，企業が社会的に公表を制度的に義務づけられている情報（例えば商法等にもとづく財務諸表等の開示および証券取引法にもとづく有価証券報告書等の開示，特許法にもとづく特許情報の開示など）以外の，外部に公開せず秘密にしておくことに利益を認める情報，あるいは当該情報が外部に知られると社会的信用の失墜や加害者責任の追及を免れないと企業が判断した情報であり，企業の秘密保持の意思が働いている情報であるということができよう[6]。

　このような企業秘密は「営業の自由」を根拠にしており，法的に保護すべきであるという主張が企業を中心に根強い。これまでにも，企業秘密に積極的に法的保護を与えるため，企業秘密漏示罪を刑法に導入しようとする動きがあった（たとえば1974年の法制審議会刑法改正案）。このときには制定に至らなかったが，その後，企業情報が情報公開法において適用除外扱いとされ，また，有事法制の一環を成す改正自衛隊法（2003年）に同趣旨の規定

が盛込まれ，軍事秘密に関連する企業秘密が法的保護の下におかれることになった。

＊行政機関による企業秘密の保護

　企業秘密は行政機関の日常業務においても秘匿（保護）されている。行政機関は，企業活動を監督・規制・助成しあるいは企業活動に関わる報告を受ける立場から，多くの企業情報を取得し保有している。エイズ薬害事件や原子力発電所事故や欠陥自動車事故等々における当該行政機関の対応に見られるように，行政機関が業務の一環として当該企業から取得した情報を，企業秘密を理由として秘匿し公表しないことがしばしばある。そのようなことが許されるであろうか。国民の安全を犠牲にしても企業秘密が保護されるのか否かが問われているのである。

　企業秘密を理由にした行政機関の企業情報の公表拒否を，かつて裁判所が認めなかったことがある。日本における最初の原発訴訟である伊方原発訴訟において，裁判所（高松高裁の決定）は次のような見解を示している。

「……抗告人（被告・国）にはこれらの文書の提出義務はないと主張している（が），……公務員等の職務上の秘密とは，職務上知り得た事項で，これを公表することによって，国家の利益又は公共の福祉に重大な損失又は不利益を及ぼすような秘密をいうものと解すべきところ，抗告人主張の文書がその主張の如く企業秘密に属するものであり，かつ，抗告人がこれを公表しないとの前提の下に提出させたものであるとしても，これを公表することは，利潤の追求を主目的とした一企業の営業に関する秘密が公表されるに止まるものであって，国家の利益又は公共の福祉に重大な損害又は不利益を及ぼすものとは解し難いし，また，企業がその業務を遂行する上で行政庁の許可を得る必要が生じ，自己の有利に右（原子炉設置）許可を得るべく，その参考に資するため行政庁に一定の資料を提出しておきながら，その後第三者（住民）が右許可処分によって自己の利害が侵害されるとし，その違法を主張して右許可処分の取り消しを求める（この）抗告訴訟において，企業の秘密を理由に，企業や企業との契約により黙秘義務を負担した行政庁が，右資料の公表を拒否

することは，公平の原則上ないし信義則上許されないと解するのが相当である……」（括弧内は引用者補記）[7]。

　現代の社会では，大企業は政治・行政主体と密接に連携して広い意味での権力主体としての役割を担っており，もしもそれを利潤追求の衝動のままに放置しておくならさまざまな社会的弊害を引き起こすことになる。実際，そのような大企業の活動によって，国民の生命や健康，生活環境や財産が，現実にしばしば脅かされている。

　高度成長期に大規模に発生した水俣病，イタイイタイ病，四日市や川崎コンビナートなどの大気汚染・海水汚染等々の多くの「公害」事件における関係企業の情報隠しや，ひ素ミルク事件（1955年），サリドマイド事件（1961年），カネミ油症事件（1968年），キノホルム事件（1971年），エイズ薬害事件等における製薬会社の情報隠し，また最近の食品会社のBSE牛海綿状脳症に関わる情報隠し，電力会社の原子力発電所の事故隠し，自動車会社の欠陥車隠し，「売り惜しみ」や「土地転がし」，あるいは不正融資，粉飾決算，損失補てん等々の事例に見られる通り，「企業秘密」が壁となって，消費者・国民の生命や生活の安全にとって必要な情報が十分に知らされなかった。それらの情報が十分に知らされていれば，問題への対処も解決の方法も異なっていたに相違ない。

　さらに，企業秘密は単に企業と消費者の間での商品の安全性や取引の公正等に関する問題だけにとどまらない。企業の政治献金（裏金）や公共事業の官製談合などにおいて，その解明を妨げているのが企業秘密の壁であることは，ロッキード事件（1976年），リクルート事件（1986年），佐川急便事件（1991年）等々の多くの疑獄事件において明らかになっている。行政機関による企業秘密の保護が企業と行政の癒着の温床（構造腐敗の最大要因）となっていることは，否めない事実である[8]。企業秘密は，より広範に企業の社会的責任が問われる重要な問題を内包している。それは，現実の企業と消費者との社会関係に着眼して考慮さるべき問題であると同時に，企業の社会的責任にも関連する問題であって，その企業に要請される社会性・公共性の観点から問題とされるべきものである[9]。企業秘密については，企業の社会的

責任の観点からも，その解除・縮減が求められているのである。むしろ，今日では企業が社会的責任を果たし消費者・国民の信頼を確保するうえで，企業活動・企業経営の積極的な公開がますます必要になってきているといえよう。

3　情報の公開

(1) 政府(行政)の情報公開——その理念と制度

日本では，国家秘密関連以外でも，行政の秘密主義が横行しており，情報独占が行政権力の源泉にさえなっている。従来，国や地方自治体（行政機関）がもつ情報を国民に公開するかどうかはまさに行政機関の自由裁量の問題とされ，その管理も行政機関の内部的な問題と考えられてきた。行政側にとって都合の悪い情報は秘匿され，逆に都合のよい情報だけが公開されるという，行政の「裁量秘密主義」「裁量公開主義」のもとで，国民はしばしば事実を誤認し，判断を誤導されかねない状態に置かれてきた。公務員の包括的守秘義務体制も確立している。行政機関が「公開できない」といえばそれがいかに不合理な理由であっても国民は対抗できない[10]。

国や地方自治体の行政が国民の生活の隅々に決定的な影響を与えるにつれて，行政機関が重要な情報を秘匿し公開しないために，国民の利益が著しく損なわれる事態が（すでにその一端を見たように）さまざまな形で顕在化してきた。これまで国民が，住民訴訟などによって，都市開発，「公害」，薬害，食品の安全性，行政の不正等の，国民の生命や健康や生活上の重大な利害に関わる問題の解決を図ろうとするとき，つねに突きあたるのが行政情報の「非公開の壁」であった。

国民は長い間，行政情報の非公開によって，主権者として行政の意思形成過程に参加することを阻害されてきたが，それだけではなく，行政情報の非公開によって，行政機関の意思形成や政策（計画）決定の誤りが隠蔽され，国民の生命・健康・生活の安全に取り返しのつかない被害がもたらされた。さらに，被害を受けた国民がその原因を解明し，その責任を究明し，救済を求めることが妨げられてきたのである[11]。

ところで，こうした行政権力の肥大化のまえに，「行政情報の公開」の必要性が人々に認識されるにつれて，情報公開制度の制定を求める動きが，とくに1960年代後半から，全国各地で住民運動・消費者運動と連動して活発になった。日本における情報公開の制度化は，1982年に山形県金山町の公文書公開条例を嚆矢として，それ以後全国の地方自治体に広がった。国の情報公開制度は，その後ほぼ20年遅れてようやく1999年5月に情報公開法（行政機関の保有する情報の公開に関する法律）が成立した（2001年4月1日施行）。情報公開の必要性の認識とその制度化を促進した経緯からも明らかなように，情報公開の機能は，国民(住民)の権利救済，行政に対する監視と批判，行政参加，さらに情報利用と結びついている[12]。

　本来，行政情報の公開は，民主政にあっては主権者としての国民の政治参加，参政権の保障として憲法上の当然の要請である。その意味で，情報公開法の制定は国民主権の理念をより実質化し，憲法21条の保障する「知る権利」を具体化するうえで，その意義は大きい[13]。情報公開法は，第1条で，情報公開の目的をこう定めている。

　　「この法律は，国民主権の理念にのっとり，行政文書の開示を請求する権利につき定めること等により，行政機関の保有する情報の一層の公開を図り，もって政府の有するその諸活動を国民に説明する責務が全うされるようにするとともに，国民の的確な理解と批判の下にある公正で民主的な行政の推進に資することを目的とする」。

　情報公開法の目的は，政府の「説明責任」にのみあるのではない。国民主権の理念にもとづく国民の「行政文書開示請求権」を保障し，政府（行政）情報の公開を求める憲法上の国民の「知る権利」を具体化することにある。

　確かに，情報公開の制度化は，市民オンブズマンの活動や住民運動・消費者運動などの情報公開請求を活発化させ，不当な行政権の行使を糾すことを可能にした。だが，それがこれまでの日本の政治・行政の秘密主義に転換を迫るものとして機能しているかと問うなら，その内容と運用において，多くの問題を抱えているといわなければならない。問題が少なくないばかりか，

それが行政の情報秘匿を合法化しかねない状況にさえある。とくに重要な問題点を指摘しておこう。

(2) 現行情報公開法制の問題
＊「不開示情報」規定と裁量的開示の容認

現行の情報公開法制が抱える問題の第一は，行政機関の情報秘匿を可能にするしくみが許容されていることである。そのひとつは，「不開示情報」規定と裁量的開示の容認である。情報公開法は，「原則公開」を定めている点で重要な意義をもつが，同法は第5条で不開示情報に該当する情報として六つの範疇を定めており，行政機関の長が例外的に不開示とすることができる。しかも，そのうち国の安全・外交に関する情報と公共の安全に関する情報については，行政機関の長の判断を特別に尊重する規定となっている。

また，「文書不存在」を理由にして開示請求を拒否できることも問題である。行政側が文書の存在自体を秘匿したいとき，開示請求にあたって文書の存在を確認することなく不開示決定をすることができるからである[14]。さらに，現行法が公文書の廃棄の可否を決定する権限を行政機関に委ねており，これによって行政機関が自らに都合の悪い文書は国民の目に触れないように消去することができるしくみになっていることも問題である[15]。

＊公文書館の形骸化

政府の公文書の廃棄と保存との関連でもうひとつ指摘しておかなければならないのは，公文書館の役割である。情報公開法は，対象情報から，「歴史的若しくは文化的な資料又は学術研究用の資料として特別の管理がされているもの」を除外し，それらの情報（対象外文書）の公開を公文書館など政令で定める機関に委ねている。重要な公文書を保存し公開するのが公文書館の役割であるが，最近保存される公文書が激減している。とりわけ2001年度に公文書館が独立行政法人に移行してから減り続けている。それまで省庁から公文書館へ移管されるファイル数は年平均1万7000だったが03年度には5764になった。独立法人化以後は公文書館から各省庁に移管を直接要請できなくなったことが作用しているといえるが，より大きな理由は行政文書の公開を嫌う省庁の消極的な対応にあると考えられる。情報公開制度を実効あ

らしめるためには，公文書館制度の充実も重要である。
*迅速処理と開示決定期限

　第二に，手続きの迅速処理に必要な開示決定期限の問題である。情報公開法は，開示請求があった日から30日以内に開示決定をしなければならないと定めている（第10条）。この期間内に決定を行うことが困難な場合，さらに30日以内に限り延長することができるとされているが，これは守られていない。総務省の03年3月の調査によると，法施行から2年間に受理した請求のうち，「法に定める期限である60日以内に決定をしなかったのは計1174件，その大半を外務省の1044件が占め，他に国土交通省89件，法務省16件，警察庁11件と続く」また，自ら延長した決定期限を守らなかったのは4省庁の計574件で，金融庁の401件と外務省の169件がそのほとんどを占める。このうち期限を過ぎた日数は，3ヶ月を越えたものが241件，1ヶ月以上3ヶ月以内が272件」である[16]。

*開示請求の救済のあり方

　第三に，開示請求の救済に関してもまず当該行政機関へ不服申し立てを行う間接的なしくみになっており，審査会へ諮問されなければ先に進まないようになっている。これによって処理が遅れることになる。総務省の実態調査（2003年））によれば，1年を超えた未諮問となると295件，その内訳は外務省151件，金融庁の67件，国税庁の55件，国土交通省の12件とで大半を占める[17]。情報公開審査会への諮問の期限が定められていないのである。

*捜査資料や刑事訴訟記録等の「適用対象外」

　第四に，当該文書の公開について個別法の規定に委ね情報公開法の「適用対象外」とされていることの妥当性も検討を必要とする。国民の行政監視，公開による公益性という視点から見るとき，例えば刑事訴訟法が適用される捜査資料や刑事訴訟記録などに情報公開法は適用されなくていいものであろうか。

　以上，現行の情報公開法が抱える重要な問題のごく一端を指摘したが，これによっても現行の情報公開制度が行政機関の裁量を優先していることが明らかである。このままでは，行政機関の情報秘匿体質は変わらない。日本の情報公開制度は，現状のレベルに止め置かれてはならない。それは，法制上

の不備を早急に是正するとともに，電子情報化の時代にふさわしいように，行政情報への電子的アクセスを大幅に拡大すべく，とくにオンラインで情報が入手できるようにするなど，新たな対応が求められている[18]。国民の知る権利を実現させるためには，少なくともこれらの諸点をふまえた情報公開法の改正と情報公開制度の充実が欠かせない。

(3) 企業秘密と内部告発
＊内部告発の社会的意義

　企業秘密には情報公開法が適用されない。情報公開法では法人（企業）情報は対象外（不開示情報）となっている。企業情報の公開については，企業秘密への国民の批判や企業の社会的責任追及に対処するため，企業自らもディスクロージャー（財務内容を中心とする企業内容公開制度）やコンプライアンス（法令遵守）・CSR等に取り組んでいる[19]。しかし，これらの企業自らの対応においては，公開する情報内容の決定が企業に委ねられているので限界がある。そこでは企業秘密を前提とした情報公開となり，企業の社会的責任に反する行為であっても，企業に不利な情報は企業秘密として隠蔽されがちである。

　こうした状況で，いわゆる内部告発が盛んになってきた。日本では，とくにこの数年（2001年以降），企業や官公庁の不正行為（東電の原発事故隠し，道路公団の経営実態隠し，三菱自動車の欠陥車隠し，日経新聞社の不正経理，警察の不正経理，雪印食品の牛肉偽装等々）が多発したが，それらは多かれ少なかれ内部告発で発覚した。こうした事件を契機に，内部告発への社会的関心が高まり，内部告発の社会的意義と内部告発者の保護の必要性が強調されるようになった。企業側も企業の不正行為の内部告発に危機感を募らせた。

　内部告発あるいは内部告発者の行動は，「社会的良心への忠誠は雇い主への忠誠に優先する」という意識に支えられている。その意味で，企業の不正を告発によって明るみに出す内部告発者は，ホイッスル・ブロウアー（whistle-blower，正義の通報者）と呼ばれ，企業秘密を明るみに出すひとつの手段としてその役割が期待されている。内部告発の社会的意義とその正当性は，欧米先進国では早くから社会的に容認されているが，日本において

も「内部告発者保護法」(公益通報者保護法) が 2004 年 6 月に制定された。
＊内部告発者の保護と公益通報者保護法

　日本の公益通報者保護法は，内部告発者の保護に十分な内容を備えているであろうか。日本の公益通報者保護法は内部告発者の保護を目的としているが，保護の要件をきわめて狭く厳しく規定しているという問題を内包している。

　保護の条件として，まず，告発先を「労務提供先」(組織内部)，次いで「行政機関」，最後にマスコミなど「その他の外部」への通報と分け，内部告発者の保護要件を別々に定めている。内部告発者の保護要件はこの通報先の順位で厳しく規定され，とくに「外部への通報」の場合は，組織内への通報では証拠隠滅のおそれがあり，不利益な扱いを受けると信ずるに足る相当の理由がある場合などに限られている。内部告発者が保護の対象になるかどうかは，企業の違法性の程度や内容について考慮されることなく，もっぱら外部通報の要件 (形式的な手続き) が告発者 (従業員) 側で満たされているかどうかだけで審査されるわけである。要するに，現行の公益通報者保護法は，内部告発の意義や必要性は認めるが，外部への企業情報 (企業秘密) の流失はできるだけ避け，企業内部あるいは行政機関内部で問題解決を図るという立法意図が否めないのである。

　現行の公益通報者保護法は，たとえ内部告発があっても，企業秘密や企業と行政機関 (監督官庁) との癒着の構造を考えれば，企業の反社会的行為が外部に知らされる可能性を制限し，かえって潜在的な内部告発者を萎縮させ公益通報を抑制するように機能するおそれがある[20]。「外部への通報」の要件が厳しいことは日本の公益通報者保護法の特徴といえる。

　企業の反社会的行為 (違法行為) が国民の生命や生活の安全に不可避的に重大な影響を及ぼす以上，企業や行政機関の従業員が高い社会的責任感から内部の違法な事実を外部に知らしめる内部告発は社会的にその意義は大きいが，その遂行は実際には容易ではない。しかし，それは，企業秘密の公開のひとつの手段として，企業の社会的責任に関わるだけでなく，現代社会の民主主義の成熟にとって重要な問題である。今後，企業や官公庁の内部からの告発者が不利益を受けることがないように十分に保護される制度を確立する

必要がある。

　以上にみたような情報の秘匿と「公開」のしくみが，今日の日本の情報環境の権力構造を形づくっていることを，われわれは認識しておかなければならない。

4　マス・メディアと知る権利

(1) マス・メディアの自由と規制
＊マス・メディアの権力監視機能

　国家秘密や企業秘密が本質的に国民の利益に反することは，すでにみたとおりである。国家秘密や企業秘密の壁を打破する手立てとして，情報公開法や公益通報者保護法などが制定された。それは，国民の知る権利の具体化を求める運動の所産であり，民主主義にとって確かに制度上の一定の進展といえる。しかし，現状では，これらの法制度を活用するにしても，すでにみたようなこれらの法制度の内容と運用の実態から明らかなように，行政機関や大企業に対して個々の国民が知りたい情報の公開を直接求めることは容易ではない。

　今日，国民が日常的に政府や企業の活動について知るのは，ビラや集会やインターネット等を通じて知ることもあるが，圧倒的にマス・メディアを介してである。国民は日常的にマス・メディアを通して多くの情報を得ており，国家秘密や企業秘密を開示させその情報を知るうえで，マス・メディアに大きく依存している。国民は知る権利や情報開示請求権の具体化を図るうえで，通常マス・メディアの権力監視機能に頼らざるを得ないのである。こうしたマス・メディアの社会的機能は，今後，民主主義の成熟と普遍化にとってますます重要になるに違いない。

　国民がマス・メディアの自由を必要とするのは，自らの言論・表現の自由を確保し，主権者として自主的・主体的に政治に参加するためである。マス・メディアは，こうした国民の権利の基礎である国民の知る権利を支える機能を担うからこそ，その活動の自由が保障されなければならないのである。そのためには，もとよりマス・メディア自身が取材の自由や報道の自由を積

極的に主張し，自らの表現の自由を絶えず拡大していく必要がある。かつてアメリカにおける「ペンタゴン・ペーパーズ事件」（国防総省ベトナム戦争秘密報告書暴露事件）や「ウォータゲート事件」，日本における「外務省沖縄密約暴露事件」（外務省公電漏洩事件）[21]や「リクルート事件」などの調査報道，最近のイラク捕虜虐待事件報道等々は，その先駆的事例である。これらの事例は，マス・メディアの社会的機能と責任に関して，貴重な経験（教訓）を残している。とくに外務省沖縄密約暴露事件において（この事件は，日本における取材の自由，報道の自由と国家秘密との関係が争われた初の事件で，取材方法（手段）の不相当性を理由に記者が逮捕された），裁判所は取材の自由，報道の自由の根拠を主権者・国民の知る権利に奉仕する報道機関の社会的使命に求め，報道機関の取材活動にも憲法的保障が及びうることを認めた[22]。

＊マス・メディア規制の諸形態

しかし，マス・メディアの自由を制約する力は依然として強力に作用しており，マス・メディアが自由に情報源に接触し多様な情報を社会的に広範に伝えることをさまざまな形で規制している。

それは，検閲，発売禁止や差し止め，国家秘密の保護等々，法的規制や取材拒否等による権力介入を通じての情報統制であり，また法による規制の形をとらなくとも，記者クラブや記者会見，資料提供やリーク，取材・報道協定，経営への便宜供与，イベントの創出，政治宣伝等々を通じてのメディアの積極的利用を通して，メディアを懐柔し権力への同調・加担をつくりだす情報操作である。

また，法的規制に関しても，すでにみた防衛秘密法制や情報公開法や公益通報者保護法によるマス・メディア規制のほかに，さらにいくつかの新たな規制が加えられている。

マス・メディアの自由な取材活動にとって通信の秘密保護や取材源の秘匿は不可欠であるが，「盗聴法」（通信傍受法：1999年）において，マス・メディアは盗聴（通信傍受）の禁止対象として定められていないので，取材活動が国家に監視され取材の自由が侵害される危険が現実にある[23]。個人情報保護法（2003年）では，報道の定義が初めて規定された。そこでは，「報道

とは不特定多数の者に対して客観的事実を事実として知らせること」と定義されている。そもそも報道の定義が法律で規定されうるのかが問題である。義務規定の適用除外の対象として出版社が明記されていないことや，法の運用において行政指導の介入など，取材・報道に対する抑止的効果の余地が多く残されている。武力攻撃事態法（2003年）や国民保護法（2004年）の制定により，有事対応における「指定公共機関」にマス・メディアが指定されたことも，マス・メディアの政府からの独立に照らして危惧される[24]。また，住民基本台帳法改正（住基ネットの構築）や個人情報保護法等による国家への情報集中と情報管理体制が形成されていることも，マス・メディアの取材・報道を制約しかねない。さらに法制度的な規制以外にも，イラクにおける自衛隊の現地取材・報道の自粛要請や取材ルールの導入など，取材・報道の自由を著しく制約するしくみがつくられている[25]。マス・メデイアをとりまく情報環境の権力構造は，いっそう重層化している。

　このようなマス・メディアへの多様な権力介入の構造と展開は，報道の自粛と政府広報の過剰な流通を生み出し，マス・メディアの自律性を喪失させ，民主主義の基盤を掘り崩すよう作用する。それは，国民の知る権利が侵害され，表現活動やコミュニケーション活動が権力により制約されることを意味する。国民（の状況認識）は，マス・メディアがこうした権力的規制構造に包摂されつつ日常的に再生産する情報環境のもとにおかれているのである。そこで，マス・メディアは，国家権力による情報の統制・秘匿とどこまで対峙し，国民の知る権利にどれだけ応えることができるであろうか。

(2) メディアの自律と責任

　冒頭に述べたように，いま，日本のマス・メディアのイラク戦争報道から戦争全体（本質）が見えにくい，見えてこない。そのことは，イラク報道への国家権力の多様な介入によるだけでなく，マス・メディアの対応（報道姿勢）とも関係している。

　ベトナム戦争報道と比べると，ベトナム戦争では日本のマス・メディアも，新聞，放送，通信社を問わず，多数の記者やカメラマンが現地に派遣され各自の意思にもとづいて独自に取材し，膨大な量の記事と写真・映像が報道さ

れた。そして，このことがベトナム戦争を国民の目に見えるものにしたのであった。

　イラク戦争では，自衛隊派遣が実施されるにともない，現地での取材と報道に対する政府の規制（自粛要請）措置がとられ，政府（防衛庁）とマス・メディアとの間に自衛隊取材に関する取材ルールが合意された。こうした取材・報道ルールはイラク戦争に際してアメリカが採用した「エンベットルール」（メディアが軍と行動を共にする取材方法）をモデルに作成されたといわれているが，それがマス・メディアの独自で自由な取材・報道活動を妨げていることは否めない。さらに，治安悪化を理由に，自衛隊の要請に応じて，報道各社（記者・カメラマン）はそろって自衛隊の駐留地（サマワ）から撤退した。その一方で防衛庁が，現地部隊と連携して積極的にホームページや本庁におけるブリーフィングによる情報提供に積極的に取り組んでいる。これではイラク戦争報道において政府情報が支配的にならざるを得ない。

　取材ルールの合意にせよ現地取材からの撤退にせよ，それはマス・メディアが自律と責任を放棄したことを意味する。マス・メディアの報道規制は，第一義的に国家権力の情報統制によるものであるが，それには，国民との関係におけるマス・メディアの対応が反映している。

　マス・メディア産業が発達した今日では，独占的な私企業としてのマス・メディアは，資本の論理に支配されて，国民の知る権利に応えるというマス・メディアの社会的機能を二義的にみなしがちである。だが，マス・メディア企業の過度な経済競争（利潤追求）が，マス・メディア内部の人々の取材・報道活動や番組制作活動を萎縮させ，当事者の倫理観を喪失させる。そのようなマス・メディア内部の状態から，人権侵害や情報源の漏洩，記事の捏造や「やらせ」などの反社会的行為が生み出される。そこにマス・メディアが社会的権力として支配力を発揮する土壌が醸成され，それによって，マス・メディアも情報環境の権力構造の一翼を担うことになる。もとよりこうした事態では，マス・メディアの自由だけでなく，国民の知る権利・情報の自由までも全く失われてしまう。そこではマス・メディアの自律と社会的責任が重要な位置を占める。

　マス・メディアが国民の知る権利に応えるべく機能するか否かは，マス・

メディア自体が自らの自由と自律をどこまで積極的に追求しいかに維持することができるか，また国民との関係においてマス・メディアの権力性・暴力性をどこまで抑制することができるかにかかっている。マス・メディアの自律と社会的責任を確立することは，マス・メディアにとっても主権者である国民にとっても，いまなお追求すべき重要な課題である。マス・メディアは現代社会において，民主主義を支える手段として重要な役割を担っている。マス・メディアが国民の知る権利に応えることが，民主主義の発展にとって必要不可欠だからである。

注
1) 防衛及び外交に関する別表
 1 防衛のための態勢に関する事項
  イ 防衛のための態勢，能力若しくは行動に関する構想，方針若しくは計画又はその実施の状況
  ロ 自衛隊の部隊の編成又は装備
  ハ 自衛隊の部隊の任務，配備，行動又は教育訓練
  ニ 自衛隊の施設の構造，性能又は強度
  ホ 自衛隊の部隊の輸送，通信内容又は暗号
  ヘ 防衛上必要な外国に関する情報
 2 自衛隊の任務の遂行に必要な装備及び資材に関する事項
  イ 艦船，航空機，武器，弾薬，通信機材，電波機材その他の装備品及び資材（以下装備品という。）の構造，性能若しくは政策，保管若しくは修理に関する技術，使用の方法又は品目及び数量
  ロ 装備品等の研究開発若しくは実験の計画，その実施の状況又はその成果
 3 外交に関する事項
  イ 外交上の方針
  ロ 外交交渉の内容
  ハ 外交上必要な外国に関する情報
  ニ 外交上の通信に用いる暗号
2) たとえば，斎藤豊治「日本の機密保護法制」（『法時』51巻10号），『国家秘密法制度の研究』（日本評論社）参照。
3) 田島泰彦『この国に言論の自由はあるのか――表現・メディア規制が問いかけるもの』（岩波書店）参照。
4) 有事関連7法成立（2004年6月）：国民保護法，米軍行動円滑化法，交通・通信利用法案，外国軍用品等海上輸送規正法，自衛隊法改正，捕虜等の取り扱いに関する法，国際人道法違反行為処罰法。
5) 中山研一・斉藤豊治編『総批判国家機密法：危機に立つ人権と民主主義』法律文

化社，115 頁。
日本国憲法前文「日本国民は，……政府の行為によって再び戦争の惨禍が起こることのないやうにすることを決意し」「われらは，全世界の国民が，ひとしく恐怖と欠乏から免かれ，平和のうちに生存する権利を有することを確認する」。第9条「日本国民は，……国権の発動たる戦争と，武力による威嚇又は武力の行使は，……永久にこれを放棄する」「陸海空軍その他の戦力は，これを保持しない。国の交戦権は，これを認めない」。

6) 奥平泰弘『知る権利』（岩波書店），角瀬保雄『企業秘密』（東洋経済新報社）参照。
7) 伊方原発訴訟（文書提出命令申立認容決定に対する即時抗告申立事件）での高松高裁の決定，1975 年 7 月 17 日：『行集』第 26 巻第 7 〜 8 号，900 (22) 〜 901 (23)。
8) 小林直樹「企業の『公共性』論」（『ジュリスト』No.1011 〜 1012)。
9) 木元錦哉「消費者保護と企業秘密の公開」（『法律時報』52 巻 4 号）参照。
10) 松井茂記『情報公開法入門』（岩波書店）参照。
11) 秋山幹夫「住民と情報公開」（『自治体の情報公開』学陽書房）参照。
12) 八木敏行『情報公開——現状と課題』有斐閣選書，35-37 頁。
13) 長谷部泰男『憲法学のフロンティア』（岩波書店）参照。
14) 中島昭夫「不存在」という逃げ道を塞ぐ」（『AIR21』2004 年 7 月）参照。
15) この点については，特集「情報は誰のものか」，村山治「秘かに進む公文書抹殺，政府情報の全面的なシステム改革を」ほか（『論座』2003 年 5 月）参照。
16) 17) http://www.soumu.go.jp/ の 03 年 8 月 1 日 報道資料：中島昭夫「改正の論点（1）手続きの迅速処理に期限を」（『AIR21』2004 年 4 月）。
18) アメリカの電子的情報自由法改正法（Electronic Freedom of Information Act Amendments of 1996: The Freedom of Information Act 5U.S.C. § 552, As Amended by Public Law No.104-231, 110 stat.3048）は，電子的情報が情報公開法の「行政機関の記録」に含まれることを明確にした。また，請求に対する回答の遅滞解消に新機軸を打ち出した。
19) CSR（Corporate Social Responsibility）とは，企業の社会的責任を広くとらえ，法令を遵守することはもとより，「社会が企業に抱く法的，倫理的，商業的もしくはその他の期待に対して照準を合わせ，すべての鍵となる利害関係者の要求に対してバランスよく意思決定すること」「社会における企業の役割および社会が企業に抱く期待に関する活動」を意味する。足達英一郎「日本における CSR の現状と課題」（『法律時報』76 巻 12 号）参照。
20) たとえば，奥山俊宏『内部告発の力——公益通報保護法は何を守るか』（現代人文社，2004 年 4 月）参照。
21) 沖縄密約暴露報道は，日米政府間で行われた沖縄施政権返還交渉における密約を暴露したもの（1972 年）である。密約の事実は後に（2000 年），アメリカ側の公文書資料（記録）で裏づけられ，さらに 2002 年にも新たな証拠資料が明るみに出た。しかし，日本政府は当時から一貫して密約の存在を否定している。
22) 1978 年 5 月 31 日，『刑集』32 巻 3 号，457 頁。なお，この点に関しては，先行の

事件「博多駅テレビフィルム提出命令事件」(1969 年) の最高裁決定における「報道のための取材の自由も，憲法 21 条の精神に照らし，十分尊重に値する」いう見解を踏襲している。同決定はこう述べている。「報道機関の報道は，民主主義社会において，国民が国政に関与するにつき，重要な判断の資料を提供し，国民の『知る権利』に奉仕するものである。したがって，思想の表明の自由とならんで，事実の報道の自由は，表現の自由を規定した憲法 21 条の保障の下にあることはいうまでもない。また，このような報道機関の報道が正しい内容をもつためには，報道の自由とともに，報道のための取材の自由も，憲法 21 条の精神に照らし，十分尊重に値するものといわなければならない」(最大決 1969 年 11 月 26 日，『刑集』23 巻 11 号，1490 頁)。

23) 特集「盗聴法と市民的自由」，田島泰彦「盗聴立法とメディア——ジャーナリズムの視点からみた通信傍受法」(『法律時報』71 巻 12 号) 参照。
24) 2003 年有事関連 3 法のひとつである武力攻撃事態法の制定により，有事対応の際の「指定公共機関」が定められ NHK が指定されたが，その後有事法制関連 7 法のひとつである国民保護法の施行にともない，「指定公共機関」の中に NHK のほか在京の民放テレビキー局 5 社など放送 19 社が指定された。
25)「イラク人道復興支援特措法に基づく自衛隊の派遣に関する当面の取材について」および「同法に基づく自衛隊に関する当面の取材について (お願い)」(2004 年 1 月 9 日)。その後，3 月 11 日，日本新聞協会と日本民間放送連盟が防衛庁との間で，取材員証の交付などイラクでの自衛隊取材に関する取材ルールにつき合意した。

参考文献

宇賀克巳『情報公開法：アメリカの制度と運用』日本評論社，2004 年。
江藤文夫「報道の主体または報道のことばについて」(『マス・コミュニケーション研究』42 号)，「〈受け手主体〉とは何か」(同前誌，57 号)。
大内伸也『コンプライアンスと内部告発』日本労務研究会，2004 年 7 月。
岡本篤尚『国家機密と情報公開：アメリカ情報自由法と国家秘密特権の法理』法律文化社，1998 年。
奥平康弘『知る権利』岩波書店，1979 年。
―――『盗聴法の総合的研究』日本評論社，2001 年。
奥津茂樹『メディアと情報公開：情報公開のリアリティー』花伝社，1997 年。
奥山俊宏『内部告発の力：公益通報者保護法は何を守るのか』現代人文社，2004 年。
角瀬保雄『企業秘密』東洋経済新報社，1980 年。
クーパー，ブライアン『内部告発エンロン』水藤真樹太他訳，集英社，2003 年。
河野義行他『報道は何を学んだか』岩波書店，2004 年。
サイード，エドワード・W.『イスラム報道』浅井信夫他訳，みすず書房，1986 年。
斎藤豊治『国家秘密法制の研究』日本評論社，1987 年。
杉原泰雄『国民主権と国民代表制』有斐閣，1983 年。
スノー，ナンシー『情報戦争』福間良明訳，岩波書店，2004 年。
田島泰彦，右崎正博，服部孝章『現代メディア法』三省堂，1998 年。

チョムスキー，ノーム『秘密と嘘と民主主義』田中美佳子訳，成甲書房，2004 年。
長谷部恭男『憲法学のフロンティア』岩波書店，1999 年。
林田学『企業情報の公開と秘密保持』中央経済社，1999 年。
ボク，シセラ『秘密と公開』大沢正道訳，法政大学出版局，1997 年。
松井茂記『情報公開法』有斐閣，2003 年，『情報公開法入門』岩波書店，2000 年。
宮本一子『内部告発の時代：組織への忠誠か社会正義か』花伝社，2002 年。
琉球新報社地位協定取材班『検証［地位協定］日米不平等の源流』高文研，2004 年。
亘　明志「メディアと権力」(『岩波講座現代社会学 22　メディアと情報化の社会学』
　　　岩波書店) 1996 年。

第9章 コミュニケーション的行為論と民主主義
ハーバマス『事実性と妥当性』の一考察

吉田 傑俊

はじめに——「コミュニケーション的行為論」から民主主義論へ

ユルゲン・ハーバマスの『事実性と妥当性』[1)]は,『コミュニケーション行為の理論』に次ぐ大著であり,民主主義に関する理論的新展開を示すものである。本稿は,この『事実性と妥当性』の主要論点を検討し,その意義と問題性を解明しようとする一考察である。

『事実性と妥当性』は,厳密な法・政治論の形態を取りつつアクチュアルで大胆な意図をもつ著作である。すなわち,冒頭に「法治国家はラディカルな民主主義がなくては構築することも維持することもできない」(S.13,上13頁)という命題を立て,崩壊した「社会主義のプロジェクト」は「法共同体の民主的自己組織化がその規範的核心をなす」べき必要があり,「法治国家と民主主義の体制をもつ」西側の諸社会でも,「自由を保障するための既存の諸制度がもはや十全に機能しているわけではない」とする (S.12-13,上12-13頁)。そして,この観点を,現在の政治理論と法理論における「事実性」と「規範性」に立つ陣営の分裂状況に敷衍しつつ,この分裂を克服するため,法や国家また市民社会の再構成を企図するのである。

そのさい,ハーバマスは,コミュニケーション的行為の理論が「事実性と妥当性との緊張関係」をその基本概念のなかに取り入れており,それを止揚できるとする。彼によれば,この理論は,一方で「社会的生活の再生産が実施されるための制限と強制」と,他方での「自覚的な生活遂行の理念」を結合する理念を継承している (S.23,上24頁)。すなわち,近代実定法は,「自由で平等な法仲間の連帯的結合を可能にする」ものだが,この結合は「外的な制裁による威嚇」だけでなく,「合理的に動機づけられた合意の想定」に

よっても成立している。だが，近代法のこの二面性，「強制力」と「主観的自由」，「実定性」と「正統性」の二面性は，社会学的法理論と哲学的正義論を包摂するコミュニケーション的行為論が解消できるとする（ibid，同）。つまり，ハーバマスは，法体系や法治国家の原理が，「事実性」と「妥当性」，すなわち客観的事実性（法の強制力や国家の権力性）と主観的規範性（コミュニケーション的合意性）の両者を本来的に媒介するものとして構成しようとする。そして，その方法として，コミュニケーション的行為論における「討議原理」を法領域へ適用するとき成立する，「民主主義原理」に拠って遂行しようとするのである。

ハーバマスは，前著『コミュニケーション行為の理論』[2]において，周知のように，20世紀の英米哲学における「言語論的転回」後の「言語行為論」を「コミュニケーション的行為論」として展開し，それを社会行為論としても位置づけた。そのさい，コミュニケーション的行為を「了解」を基軸とする「了解志向的」行為と規定し，「成果」を主軸とする戦略的な「成果志向的」行為と対立させた。すなわち，「私がコミュニケーション的行為というのは，参加している行為者の行為計画が，自己中心的な成果 Erfolg の計算を通じてではなく，了解 Verständing という行為を通じて調整される場合である」，また「社会的行為は，その当事者が成果志向的態度をとるのか，それとも了解志向的態度をとるのかに応じて，区別される」（TH.I, S.385, 中22頁）とした。そのうえで，この「相互了解的行為」と「成果志向的行為」の分離の基盤が「生活世界 Lebenswelt」と「システム System」の対立にあるとした。そして，システムと生活世界という二概念戦略が，社会の統合を「行為志向」にもとづく「社会的統合」にも「行為効果」にもとづく「システム統合」にも還元しない観点とし，「社会を，進化の過程においてシステムとしても生活世界としても徹底的に分化されていく実在と捉える」という「発見的提案」（TH.II, S.228, 下61頁）と規定した。その上で，現代におけるシステム統合による社会的統合の駆逐の事態を生活世界の「植民地化 Kolonialisierung」（TH.II, S. 293, 下125頁）と捉えたのであった[3]。

とはいえ，『コミュニケーション的行為の理論』では，生活世界とシステムとの対抗関係が充分に展開されたとはいえない。なぜなら，それは，生活

世界とシステムの二領域並立論に立ちつつも、実際上はシステムの生活世界に対する一定の優位性の確認に終わったかにみえるからである。それゆえ、ハーバマスがその後に考察に入ったのが「法制化 Verrechtlichung」の問題であった。

　ハーバマスの法制化とは近代社会における「実定法増大傾向」を意味するが、その要点はつぎのように要約できる[4]。近代における宗教的・形而上学的世界像の解体にともない、ヨーロッパには実定法が成立した。だが、実定法は、「国家的組織構成手段」としての法と「正統的秩序」としての法、または「媒体としての法」と「制度としての法」に次第に分離する。この「制度的法」の側面は、国家によって強制される単なる一致ではなく「一種の承認」を要求し、法仲間が「権利と義務」を認識するものである。法のこの「規範的妥当性」は、ルソーやカントなどの「自由」の理念による「民主的に創出された正統性」や、「市民的形式法」による「リベラルなモデル－制定法の支配」の理念によって保証されてきた。だが、現代の「介入主義的社会国家」は、資本主義の構造的変化に対応して、法の「脱形式化」を図り「制定法の支配」というリベラルなモデルを破壊しつつある。ハーバマスは、このとき採るべき二つの立場は「制定法の支配というリベラルなモデルに戻るか、法の道徳化つまり道具的法の制度的な抑制か」であると提起した。そして、前者は市民的形式法へ回帰する「新保守主義」であるのに対し、後者を「ラディカル民主主義」とし、実定法を「道徳的内容」によってまた「討議的意思形成や公正な妥協」によって正当化できるとしたのである。

　このように、ハーバマスの『事実性と妥当性』は、『コミュニケーション的行為の理論』から「法制化」論を媒介として、コミュニケーション的行為論を機軸に据えつつ、法・国家論、市民社会論の領域における民主主義論の本格的展開を期すものである。当然ながら、法や国家の問題は、「権力」問題を内在するきわめて現実的な政治的・社会科学的問題である。それゆえ、いわば一種先験的とも呼ぶべき「言語的人間 homo loquens」論に立脚するコミュニケーション的行為論によって、ハーバマスが社会科学的問題をどのように再構築できるかが課題となる。以下に、コミュニケーション的行為論が法や国家という権力問題をいかに解決するか、また生活世界や市民社会と

システムとの架橋がどのように実現されるかなどの問題を中心に，その成果と問題性を考察したい。

1　「権利・法」のコミュニケーション的行為論による再構成

「討議原理」と「民主主義原理」

ハーバマスは，『事実性と妥当性』第三章「権利の体系」において，「討議理論 Diskursprinzip」を前提にした「権利・法体系」の再構成に向かう。すなわち，「すべてのありうるべき関与者が合理的討議への参加者として合意しうるであろう行為規範こそは，妥当的である」（S.138, 136頁）という討議原理を法領域に適用し，正統的な「法制定の手続き」を要求し確定するものを「民主主義原理 Demokratieprinzip」と規定する。そして，この原理を「それ自体として法的に組織化された討議による法制定過程において，すべての権利仲間の同意をえることができる制定法だけが，正統的な妥当性を主張することができる」（S.141, 138頁）と定義する。この民主主義原理は，正統的な法制定の「手続き Verfahren」の確定から始まり，政治的意志形成にもとづく「権利体系 Sytem der Rechte」の制度化に向かう。すなわち，「理性的な政治的意見形成・意思形成が可能であるという前提のもとで，民主主義原理が述べるのは，そうした意見形成・意思形成はいかにして制度化されうるのかということ，つまりコミュニケーション前提によって保障された法制定過程への参加を万人に保証する権利の体系によって制度化されうる，ということだけである」（S.142, 139頁）と規定する。

民主主義原理によるこの展開は，法を「外的な制裁による威嚇」としてだけでなく「合理的に動機づけられた合意」として，また「強制力」としてだけではなく「主観的自由」として，つまりは「事実性」と「妥当性」を結節する試みである。ゆえに，それは権利主体による法体系の形成という，コミュニケーション的行為論の具体化としての民主主義原理の積極的探求といえる。ただし，予め指摘しなければならないことは，この「事実性」に対する「妥当性」による再構成の試みが，妥当性に対する事実性からの包摂というリアクション，いいかえれば，システムによる生活世界の再包摂のリスクを

も余儀なくすることである。この点は，民主主義原理と道徳原理，法と道徳の区別においてただちに明らかとなる。

　ハーバマスによれば，道徳原理は「特定の論証実践の内的構造」の次元で作用するが，民主主義原理は「外的制度化」の次元に関係づけられる。したがって，法的主体と道徳的主体との相異は，つぎの点にある。「道徳的（そして倫理的）帰責能力をもつ人格の自由意思を，各自の選好によって規定された権利主体の選択意思へと還元してしまうと，そこから合法性 Legalität という大きな問題が生じてくる。外的関係に関わる事柄だけが，法的に規制されうる」（S.144, 141 頁）。これは，一定の法的共同体の成員としての法的な権利主体は，その行為において「合法的か否か」に関わる責任をもつという当然の観点である。なぜなら，「法とは知識体系であると同時に行為システムである」（S.146, 143 頁）からである。そして，ハーバマスは，「社会的近代化の趨勢」の中での「法的制度化」の意義をこう説く。「家族や学校といった伝統的な相互行為領域は，その制度的実質において法の形式化が進んでおり，市場・企業・行政といった形式的に組織化された行為システムは，法的に構築されることではじめて創出された。貨幣によって操作される資本主義経済や権限分配の形式で組織化された国家官僚制は，法的制度化の媒体によってはじめて成立する」（S.150, 147 頁）。「近代化の趨勢」として，この「法制化」の過程の進展は事実として確認できる。だが，かつて生活世界とシステムを対峙させたハーバマスは，この法制化過程を根拠として，生活世界の住民を民主主義原理による法の正統性の担い手として構築する代償に，システムの住民としても構成することに踏み出すことになる。

コミュニケーション的行為による「権利の体系」の構成

　さて，法の規範的制度化に向かう民主主義原理の意義を設定したうえで，ハーバマスが向かうのは，彼にとって最も重要な課題である「私的自律と公的自律」を同時に成立させる「権利の体系」の根拠づけである。この問題は「人権と国民主権」の問題であり，人権を「道徳的自己決定」とする「自由主義」と，国民主権を「倫理的自己実現」とする「共和主義」の対立にかかわる，現代的な重要課題である。彼はここで，人権を私的自律に国民主権を

公的自律に置き換え、「権利の受取人 Adressaten と作成者 Urheber が同一であるとする自己立法という理論装置を討議理論によって解釈する場合にはじめて、私的自律と公的自律が同じ起源に発することが明確になる」(S.135, 132頁) と規定し、自由主義と共和主義の対立の止揚を試みる[5]。

では、ハーバマスは、個々人の人権と全体としての国民主権、また自由主義と共和主義の対立をどのように結節しようとするのか。彼が出発点とする観点は、市民の私的自律と公的自律を同時に規定しうる「権利の体系」の根拠づけのためには、「そうした権利の体系は、市民たちが自分たちの共同生活を実定法という手段によって正統的に規律しようとする場合、相互に認め合わねばならない基本権 Grundrechte を含まなければならない」(S.151, 148頁) こと、また「コミュニケーション的に行為する主体は、自分たちの行為計画を調整するにあたり、相互的な態度決定と妥当要求の間主観的承認 intersubjektive Anerkennung を前提とするのであり、それゆえ、関係する当時者により共通して承認されうる根拠だけが重要である」(S.152, 149頁) ことである。この前提は、コミュニケーション的行為論の法領域への適用として、法のもとに相互に規律ある生活を送ろうとする個々人は、相互の承認とその結果の責任を担い合う（または担わねばならない）ということを意味する。そして、この前提にもとづく過程が、個々人の主観的自由（人権）→自律的な相互承認→基本権（国民主権）の樹立と承服の過程となる。ハーバマスは、人権と国民主権のこの同時的成立過程を総括的につぎのようにいう。「民主主義原理が討議原理と法形式の結合に由来するということこそ決定的な要（かなめ）となる思想である。私はこの結合を、段階的に再構成されうる権利の論理的生成として捉える。この結合は、討議原理を――法形式それ自体にとって構築的な――主観的行為自由一般の権利へと適用することから出発し、政治的自律の討議による行使のための諸条件の法的制度化にまで行きつく。そして、この政治的自律の討議による行使によって、発端として抽象的に設定された私的自律が遡及的に具体化されうる。それゆえ民主主義原理は、権利の体系の核心としてのみ出現しうる」(SS.154-555, 151頁)。

ハーバマスがここで対峙し克服しようとしているのは、一方における諸個人から出発する人権論であり、他方における全体から出発する国民主権論で

ある。すなわち，ここに構成されるのは，「社会市民」Gesellschaftsbürger と「国家成員」Staatsbürger の同時成立であり，その構成原理は，言語行為のなかで掲げられた「妥当性要求」が話し手と聞き手の双方によって承認されるとき，その合意は双方の自由意思にもとづき，それゆえその合意には従う義務が生じるとするコミュニケ―ション的行為論にもとづく。ただし，この諸個人の自律的同意による相互的権利・義務論による市民と国家成員双方の両立論は，市民と国家成員とのあいだの政治的・経済的対立や相克の歴史的過程をみるとき，形式的・論理的構成への傾斜を指摘せざるをえない。

「権利の体系」導出の意義と限定

ともあれ，ハーバマスは，この前提に立って「権利の体系」を導き出そうとする。権利の体系とは「市民がその共同生活を実定法という手段によって正統的に規律しようとするならば，彼ら市民が相互に承認しなければならない権利」であるが，それは，抽象的な段階から具体的な段階へ，「最初は外部からなされた叙述のパースペクティヴが，叙述される権利の体系の内部へと取り込まれる」という形態をとる（S.155, 151 頁）。そして，こうした権利の諸カテゴリーが以下のように規定される（SS.155-57, 152-53 頁）。

① 最大限の平等な主観的行為自由への権利を，政治的自律にもとづいて具体化する基本権。
② 法仲間の自由意思による連帯的結合における構成員の資格を，政治的自律にもとづいて具体化することから生じる基本権。
③ 権利の提訴可能性ならびに個人的権利保護を，政治的自律にもとづいて具体化することから直接生じる基本権。
④ 市民が政治的自律を行使し正統的な法を制定するための，意見形成・意思形成の過程に参加する平等な機会を保障する基本権。
⑤ 所与の諸関係のもとで，①から⑤までに挙げた市民権を利用する平等な機会を保障するために，そのつど不可欠であるその度合いに応じて，社会的・技術的・エコロジー的に保障された生活条件を保障する基本権。

これらの権利カテゴリーの導出過程において，ハーバマスは，①，②，③の三つの権利のカテゴリーは「討議原理の法媒体それ自体への適用によって，つまり水平方向での社会化のさいの法形式化という条件への適用によって，はじめから発生する」（S.156, 152頁）とする。すなわち，①は「主観的行為自由を行使する権限」を与えるものであり，②は「具体的社会の相互行為連関」を規範化するものであり，③は「権利を侵害されたと感じる全てのものが自らの要求を主張しうる訴訟手段」を保障するものとする。そのさい，これら①から③のカテゴリーは，「国家権力の客観的‐法的組織化がなされる以前の段階において，自由に連帯する市民相互の関係」だけを規律し，「権利主体が制定法の受取人としてその役割をまずは互いに承認しあい，そうして，彼らが権利を要求し相互に主張するための資格を認める限りにおいてのみ，これらの基本権は権利主体の私的自律を保障するにすぎない」（S.156, 152-53頁）。つまり，これらの基本権を，「私的な市民」間の相互承認の段階で成立するものと設定する。

　だが，④の基本権において重要な転換が成立する。それは，ここで初めて国家成員が成立するという転換である。すなわち，「この権利のカテゴリーは，憲法解釈および①から④の基本権の継続的な政治的形成に再帰的に適用される。すなわち，これらの政治的権利が，自由で平等な国家成員の資格を根拠づける」（S.156, 153頁）。では，ハーバマスは，この転換をどのように根拠づけるのか。彼によれば，最初の三つの基本権は，国家権力が存在する以前のものでもあり，「法コード」としても「不完全」である。なぜなら，「法コードは抽象的に成立するのではなく，実定法を用いて正統的に共同生活を秩序づけようとする市民たちが，特定の権利を相互に承認してはじめて成立する」（S.159, 156頁）からである。この点で，これら三つの権利カテゴリーは，いわば「憲法制定者が志向すべき法原理」であって「外部から法形式に討議原理を適用」したものなのである。ゆえに，④の基本権において，市民たちは「自分自身で討議原理を適用しうる場合に必要なパースペクティヴの転換」を執らねばならない。なぜなら，「市民は，自分が受取人として服すべき権利の作成者として自己を理解し，かつ同時に活動することによってはじめて，権利主体としての自律を獲得するからである」（S.160, 157頁）。

それゆえ、「自分たちの制定する法が正統的な法であるどうかを市民が討議議論に照らして評価しうるための条件が、それ自体として法的に保障されねばならない。その役割を果たすのが、立法者としての意見形成・意思形成の過程に参加するための政治的基本権に他ならない」(ibid., 同)。この論理構成において、ハーバマスによる権利・法の受取人と作成者の同時成立が完成するのである。

　ハーバマスは、民主主義原理によるこの「権利の体系」の構築過程において、国民主権と人権つまり政治的自律と私的自律が同じ「起源」、すなわちコミュニケーション行為的原理という起源をもつことに求めた。たしかに、ここには、諸個人の自律的相互承認というコミュニケーション的行為の法制化において、主観的自由から間主観的自由へ、また私的自律から公的自律への移行や、後者による前者の遡及的措定による二項対立が解消される理論的・論理的可能性が提示されている。同時に、それは市民と国家成員の相互措定関係をも論理づけている。この企図は、一見「社会契約論」における自然権から市民権への、また一般意志の樹立とそれへの服従という論理の現代的再構成を示すかにもみえる。だが、看過すべきでないのは、社会契約論が前近代と近代との過酷な政治的抗争過程での一つの思想的理論的集約として成立したのに対し、ハーバマスのこの民主主義理論は、あくまでコミュニケーション的行為論が立脚する相互的合意性において成立することである。ハーバマス自身が「自由の法的諸制度は自由に習熟した国民のイニシアティヴがなければ崩壊してしまう」(S.165, 161 頁) と指摘するように、この民主主義論の意義は、コミュニケーション的行為が充分に普遍化しているという、先進国家的条件に依拠し限定されるものであることを確認しなければならないだろう。

2　近代法治国家のコミュニケーション行為論的再構成

「コミュニケーション的権力」の概念

　法の規範的再構成を展開したハーバマスは、つぎに政治権力つまり法治国家の正統化の課題に向かう（第4章「法治国家の諸原理」）。ここでも、彼が

前提するのは，「『すべての国家権力が国民に由来する』という原則は，制度的に分化した意見形成・意思形成のコミュニケーション前提と手続きを通じて実現される」という原理，また「国民主権は，もろもろのフォーラムと団体によるいわば主体なきコミュニケーション的循環過程にまで引き戻される。このような匿名の形式においてのみ，コミュニケーション的に不定形化した権力が，国家機構の行政権力を国民の意思に拘束することができる」という原理である（S,170, 168頁）。

ハーバマスは，この「コミュニケーション的権力」概念を，ハンナ・アーレントの権力概念に依拠し出発する。すなわち，アーレントの概念を「権力は，人々が共同で行為するときに彼らの間に発生する。彼らが散り散りに別れてしまうと，たちまちこの権力は消滅してしまう」と要約し，「このモデルによれば，法とコミュニケーション的権力は『多くの者が公共的に同意した意見』に等しく起源をもっている」（S.182, 179頁）と定義する。しかし，ここでも留意すべきは，ハーバマスが，アーレントの権力概念をとくに「強制なきコミュニケーションにおいて形成される共通意思の潜勢力」と捉える点にある[6]。彼によれば，権力は「正統的な法を創造し制度を創設することで表現される正統化の力」（S.184, 180頁）であり，「コミュニケーション的権力 kommunikativen Macht と正統的な法の産出との緊密な結合」（S.185, 181頁）と規定されるのである。

だが，権力概念がそのように規定されることにより，それはつぎのように限定的なものとなる。「われわれはコミュニケーション的権力の概念によって，政治権力の生成だけを把握するのであり，すでに構築された権力の行政的使用つまり権力行使の過程を把握するのでもない。同様にこの概念は，行政権力を自由に使用する地位をめぐる闘争を説明するのでもない」（SS.185-6, 182頁）。また，「法治国家の理念は，権力コードによって制御される行政システムを，法を制定するコミュニケーション的権力によって拘束し，社会的権力の作用つまり特権化された利害の事実的貫徹力から解放せよという要請として，一般に解釈される。行政権力は，自ら自己を再生産するのではなく，コミュニケーション的権力の変換にもとづくことではじめて再生されうる」（S.187, 183頁）。しかし，この規定では，コミュニケーション

的権力の概念と既成政治権力の関係は必ずしも明確ではない。つまり，一方で，コミュニケーション的権力は政治権力の「権力行使」やそれとの「闘争」にではなく「生成」だけに関わるとしつつ，他方では，政治権力はコミュニケーション的権力の「変換」にもとづくことではじめて「再生」されるともする。重要な問題は，両者がどのような交差と均衡を取るかである。では，その均衡はどういう形態を取るだろうか。

「国民主権原理」と「国家と社会の分離の原則」
　ハーバマスによる法治国家の理念が必要とする原理は，「正統的な法がコミュニケーション的権力から生み出される」こと，また「このコミュニケーション的権力が正統的に制定された法を通じて行政権力へと転換される」（S.209, 203 頁）ことにある。そして，その実現のために，彼は「討議と交渉の相互関係の法的制度化」の視点から，いくつかの具体的原理を考察する。
　その第一は，「国民主権原理 Prinzip der Volkssouveränität」であり，「すべての政治的権力は国家成員のコミュニケーション的権力から導かれる」（S.209, 204 頁）という原理である。この原理によって，政治的問題の理性的取り扱いを保障する「民主的手続き」や，最適な情報と根拠をもとに「討議と交渉」を通じて処理されることを保証する「網の目をなすコミュニケーション形式の法的制度化」が必須となる（S.210, 204 頁）。そして，この国民主権の具体的形態を「立法権限」，すなわち「議会制原理」と「政治的多元主義の原理」にもとづける。まず，国家成員の「結合」として，協議と議決を行なう「代表」たちの集会を制度化するのは「議会制原理」であり，その「仕組みと作業様式」の規律化が必要とする。同時に強調されるのは，「議会における意見形成・意思形成を政党の協力のもとで，すべての国家成員に対して開かれた政治的公共圏におけるインフォーマルな意見形成によって補完する必要性」（S.211, 205 頁）である。つまり，この「自立的公共圏の保障の原理と政党の競争の原理」が議会主義原理とともに国民主権原理を生み出すとし，必要なのは「公共的アリーナを討議によって構造化すること」（ibid., 同）とする。ハーバマスが，「政治的多元主義」のもとに，コミュニケーション的権力の基本を立法権限におき，議会のみならずインフォー

マルな意見形成としての自立的公共圏の保障を積極的に提起することは，当然に現代において緊急かつ重要な課題といえよう。

　第二は，「国家と社会の分離の原理 Prinzip der Trennung von Staat und Gessellschaft」である。ハーバマスは，この原理が，国家成員の政治的参加権およびコミュニケーション的権利を使用する平等な機会を万人に保障する「社会的自律の法的保障」を表すという。つまり「市民的法治国家は外交・内政における安全保障だけをおこない，それ以外のすべての機能を国家的規制から全面的に開放された自己制御的な経済社会に委ねる」（S.215, 208 頁）べきとする。そのためには，国家と社会の分離の原則は「市民社会 Zivilgesellschaft，つまり階級を十分に克服した連帯的結合の諸関係と政治文化」を要求するとしつつ，市民社会による「社会的権力 sozialen Macht」の「中立化」の必要性を説く（S.215, 209 頁）。「社会的権力」とは「社会的関係において他者の抵抗に抗ってでも自己の利害を貫徹するうえでの，行為者の可能性を示す尺度」であると規定し，具体的に企業・組織・団体などを挙げる（S.216, 209 頁）。だが，ハーバマスは，社会的権力を，一方で形式的平等な行為自由ないしコミュニケーション的自由の自律的実現のための「不可欠な実質的諸条件」を満たすとしつつ，他方で国家成員の平等権のためよりも自己の利害の優位を確保する政治過程に「影響力」を行使するものと捉える（ibid., 同）点で，その位置づけは不明である。

　当然ながら，現在において，個々人の自由権は社会権の拡充の他に実現しえないことは明らかである。重要なことは，「社会的権力」が現代社会の自由や平等にどのような影響力を果たすのかの十分な分析と対処であり，国家から分離される場合の市民社会が社会的権力にどのように実質的に対抗できるかの具体的検討であろう。したがって，ハーバマスは，こうした原則をもとに，法治国家における「コミュニケーション的自由の公共的使用の制度化」を「議会と公共圏の関係 Verhältnis von Parlament und Öffentlichkeit」，また「コミュニケーション的権力の行政権力への転換」を「権力分立 Gewaltenteilung」の問題として考察する。

コミュニケーション的自由の公共的使用の制度化

　議会と公共圏の考察の前提として，ハーバマスは，政治的意見形成・意思形成にはつぎの三つの「交渉 Verhandlung」や「討議 Diskurs」の形態があるとする。すなわち，利害を比較衡量する「倫理的・政治的交渉」では「集約された全体意思」が，解釈学的な「自己了解的討議」においては「真正な全体意思」が，正義に関する「道徳的根拠づけ討議」では「自律的全体意思」が形成される（S.222, 214 - 5 頁）。したがって，議会の議員は政治的「妥協」の「交渉」という委任を受け，自由で平等な秘密選挙という「手続き」で選ばれるが，それは「公正に規律された交渉実践への参加は，すべての関与者の均等な代表者を必要とする」（S.222, 215 頁）ことにもとづく。他方，自己了解的討議は集団的自己確認を成就するものであり，そこに生まれる「合意」は政治的交渉による「妥協」のような「同意」ではなく，「このような討議は，全体的組織化の不可能な公共圏に対して，社会全体のコミュニケーション循環の組織化された中心点ないしは焦点をなす」（S.224, 216 頁）。ゆえに，ハーバマスは，この自己了解的討議と正義にかんする討議の論理においてこそ，「公開性」をともなった政治的意見形成・意思形成を開く強固な規範的根拠があるとし，法治国家における「公共圏の規範的概念」の憲法的意味を明確にすべきだという。すなわち「国家的立法権力の形式で組織化された政治的意志形成は，もし自律的公共圏という自生的源泉に栓をし，あるいは，自由にやり取りされている主題・発言・情報・根拠の流通から平等に構築された前国家的領域を隔絶してしまうならば，固有の理性的機能の市民社会的基盤を破壊してしまう。議会は，ある意味で主体なき公共的意見を踏まえて活動すべきなのである」（SS.225-6, 218 頁），と。

　こうした観点にもとづき，ハーバマスは，議会と公共圏の問題をこう総括する。「政治的公共圏，政党と政治団体，議会と政府といった多様な地平において相互に関連しあい，双方向に流れを形づくる」という「コミュニケーション循環」の思想は，「実体としての国民代表という具体主義的観念から開放されたコミュニケーション・モデルにおいてはじめて展開される。むしろ，このモデルは，制度化された意見形成・意思形成と，文化的に動員された公共圏でのインフォーマルな意見形成との結合を，構造主義的に理解す

る」(S.228, 220頁)。このように，ハーバマスは，法治国家における代表制の問題をコミュニケーション的行為論から考察し，議会と議会外または国家と市民社会の二重の層からなる意見形成・意思形成の可能性を論拠づける。ただし，この試みも「文化的に動員された公共圏でのインフォーマルな意見形成」というあるべき公共圏または市民社会の成立を前提するかぎり，ここでも未だ理論可能性と要請にとどまっている。問題は，今日，このあるべき前提を現実にあるものにする現実的過程に掛かっている。

コミュニケーション的権力の行政権力への転換

つぎに，ハーバマスは「コミュニケーション的権力の行政権力への転換」の課題を，「権力分立」の問題として検討する。彼によれば，古典的な権力分立論は，国家機能の「分化」によって説明する。すなわち，「立法権」は一般的プログラムを根拠づけて可決し，「司法権」はそうした制定法をもとにして行為紛争を解決する。また，「行政権」は制定法を執行する権限をもつ。だが，こうした「機能的分離」は「民主的立法の優位と行政権力のコミュニケーション的権力への再結合」を保証することによってのみ，真の権力分立の論理が生じる。すなわち，「政治的に自律的な市民が正統的に制定する法が政治的権力循環の方向性を定める場合にはじめて，市民は，自分たちが私的主体として従う法の作者として，自らを認めることができる」(S.230, 222頁) つまり，ここでハーバマスが決定的に重要とするのは，規範的な「制定法 Gesetz」の確立である。すなわち，「制定法が，討議と公共圏を特徴とする手続きを通じて国民代表の同意によって妥当性を獲得する一般的規範として解されるとすれば，このような制定法においては，二つのモメント——間主観的に形成された意思の力と正統化のための手続きの理性——が統合される」(S.232, 223頁)。そして，このことを前提として，「制定法は，民主的手続きに従って成立し，非党派的に判断する裁判所により保障された権利保護を根拠づけ，立法府の議決や裁判所の判決を支える規範的根拠を執行機関たる行政から奪い去ることで，コミュニケーション的権力の行政権力への転換を規律する」(S.235, 226頁)。つまり，規範的な制定法を前提とするときのみ，権力分立の再構成が論理化され，コミュニケーション的権力の

行政権力への転換の可能性が論拠づけられるとするのである。

　さて，ハーバマスのコミュニケーション的行為論によるこうした近代法治国家の再構成の展開は全体としてどのようなものであろうか。それは，依然として理論的・形式的構成という枠内ではあるが，事実性としての国家すなわち権力機構・支配機構としての国家を社会と分離し，公共圏や市民社会を基盤とするコミュニケーション権力によって包囲し妥当性・規範性を確立する試みであった。またそれは，議会制や権力分立を再定義し，コミュニケーション的権力樹立の方途を提起したといえる。だが，一方で，コミュニケーション的自由の制度化や国家権力のコミュニケーション的権力への転換の方向は理論的方向性に止まり，市民社会での現実的・具体的運動を未だ視野に入れるものではない。さらに，国家と社会の分離における市民社会やその機能の規定は未展開である。それゆえ，つぎに，ハーバマスの市民社会論の検討に移らねばならない。

3　「第三領域としての市民社会論」と「新しい社会運動」論

　ここまでみてきたように，ハーバマスはそのコミュニケーション的行為論の具体化として，法・権利論や近代的法治国家論の再構成論を展開した。だが，この企図の成否に関わるものこそ，その機軸となる市民社会（ツィヴィールゲゼルシャフト）や「新しい社会運動」が新たにどのように規定されるかという問題である。以下に，それを展開する第八章（「市民社会（ツィヴィールゲゼルシャフト）および政治的公共圏の役割」とくにその三節）を検討しよう。

市民社会と政治的公共圏

　ハーバマスは，市民社会を政治的公共圏との連関において定義する。すなわち，「政治的公共圏 politische Öffentlichkeit」を「『市民社会（ツィヴィールゲゼルシャフト） Zivilgesellschaft』という基礎を通じて生活世界に根をもつコミュニケーション的構造」(S.435, 下 89 頁）と規定し，その構造をコミュニケーション的行為によって産出される「社会的空間」とする。この空間では，「互いに相手を客観的世界の存在者として相互に観察し合う成果志向的態度を取る行為者とは

異なり，コミュニケーション的行為者は，彼らが共同討議による解釈によって同時に構築する状況のなかで，相手と遭遇する」(S.436, 下91頁)。こうして，この空間は大規模な公衆のために恒常化され，集会・催し物・上演として，広場・劇場・アリーナの場をもつ。こうした公共圏の形成によって，その影響力が形成され，影響力をめぐる闘争が行なわれるとする。このように概念化された公共圏は，システムに根ざす利益集団に抵抗する「公開性」と個人的生活を反映する「親密性」を併せもつ，「公衆として集約された私人の領域」とされる (S.443, 下96頁)。それによって，公共圏はいわばシステムと生活世界を繋げる回路と設定される。だが，この公共圏の規定において留意すべきは，公開性と親密性の二側面に対応する形で，「国家成員」と「社会市民」の地位が次のように規定されることである。「政治的公共圏の担い手としての国家成員と社会市民とには個人的な一体性がある。というのも，国家成員の補完的な地位にある社会市民は，勤労者・消費者，被保険者・患者，納税者・行政サーヴィスの受給者，生徒・旅行者・取引参加者等々として，それぞれの場合に応じて，相応の給付システムの特殊的要求と過誤行為に曝されているからである」(S.442, 下96頁)。このような規定は，これまで定立された能動的な国家成員と受動的な社会市民とのきわめて対照的な規定であるが，それは公共圏の「基礎」たる市民社会の概念規定に拠るのである。

市民社会の概念

では，ハーバマスによる市民社会概念はなにか。彼によれば，現在の「市民社会」(ツィヴィールゲゼルシャフト)は，自由主義伝統における市民社会(ビュルガーリッヒェゲゼルシャフト) bürgerliche Gesellschaft すなわちヘーゲルが「欲望の体系」つまり「社会的労働と商品交換のための市場経済システム」と捉えたものでもないし，マルクスやマルクス主義がいう「私権にもとづいて構築され，労働・資本・財の市場によって制御される経済」を表すものでももはやない。その制度的核心をなすのは，「自由意思にもとづく，非国家的・非経済的な nicht-staatliche und nicht-ökonomische 共同決定および連帯的結合であり，これらの決定と連帯的結合によって，公共圏のコミュニケーション構造は生活世界の社会的構成要素

に根をもつ」。そして「そこに自生的に成立した団体・組織・運動は，社会的問題状況について私的生活領域のなかに存在する共感を取り上げ，集約し，増幅して政治的公共圏へと流し込む……。市民社会の核心をなすのは，成立した公共圏の枠内で一般的関心を引く問題のために問題解決討議を制度化する，連帯的結合にかんする制度である」(S.443, 下 97 頁)。つまり，ハーバマスにおける市民社会は，非国家的・非経済的な，その内部の団体・組織・運動がコミュニケーション形態を軸とする討論などを制度化する連帯的結合としての市民社会論である。そして，ハーバマスが，自己の市民社会（ツィヴィールゲゼルシャフト）をヘーゲルやマルクスの市民社会（ビュルガーリッヒェゲゼルシャフト）と区別する点もここにある。すなわち，彼は，ヘーゲルやマルクスのように市民社会を国家の基幹部分もしくはその下部構造とは把握せず，市民社会をあくまで生活世界の領域と捉え，法や国家また経済というシステムの領域と区別する。したがって，生活世界とシステムは公共圏を媒介にする外に直接的で実質的な関係を直接にはもたない。だが，このハーバマスの第三領域論としての市民社会論こそ現代に大きな影響力をもつ市民社会論なのである[7]。

　こうした市民社会の規定の上に，ハーバマスは，そのより具体的内容を J. コーエンと A. アレイトの観点によって補足する。すなわち，「多元性」＝多元性と自律性によって多様な生活形式が可能になるような，家族，非公式集団，自発的な集会・結社。「パブリシティ」＝文化およびコミュニケーションの諸制度。「プライバシー」＝個人の自己発達および道徳的選択の領域。「合法性」＝プライバシー・パブリシティを少なくとも国家から，大勢としては経済からも，区別するために必要な一般的制定法と基底的権利の諸構造とする (S.445, 下 98 頁)。ハーバマスは，こうした領域を憲法上の「基本権」として保障されることを強調する。とくに，集会の自由や団体・結社を創設する権利を中心とする「連帯的結合」は，「公共的意見形成の過程に干渉したり，一般的利害にかかわる主題を取り扱ったり，代表されなかったり組織化の難しい集団や問題を代わりに主張したり，文化的・宗教的・人道的目標を追求したり，信仰による共同体を形成したりする」ものである (ibid., 99 頁)。同時に必要なのは，私的生活領域を保護する「私事性」の基本的保障であり，それは「人格権，信仰・良心の自由，移転の自由，信書・郵便・

電気通信の秘密，住居の不可侵，家族の保護，これらは，人格的純一性および独立した良心と判断の形成のための不可侵の領域」（S.446，下99頁）とする。ここに，市民社会は一定の社会的自由と個人的自由の領域であり，基本権として保障されるべき領域ということが明らかとなる。

　「新しい社会運動」論
　しかるに，ハーバマスは，この基本権による保障だけでは，公共圏と市民社会の「解体 Deformation」を阻止できないとする。その根拠は明らかではないが，システムによる生活世界の植民地化や，その結果としての社会市民の受動的状態についての先の規定に関わると思われる。したがって，市民は公共圏の構造の「再構築と保全」という課題に向かわねばならない。ハーバマスは，この点について，再びコーエンとアレイトの「攻撃的」目標と「防御的」目標を同時的に追及する「新しい社会運動 neue sozialen Bewegung」論を援用する。攻撃的試みとは，「全体社会的な重要性をもつ主題を取り上げ，問題設定を精確に規定し，問題解決に必要な貢献をおこない……組織化された政治的意思形成の内実を変化させ，特定の政策に適合するよう議会・裁判所・政府に圧力を加える」ことであり，防御的試みとは「既存の連帯的結合と公共圏の構造を維持し，サブ・カルチャーの対抗的公共圏および対抗的制度を作り出し，新たな集合的アイデンティティを確定し，拡大された権利および改革された制度という形で新たな地歩を打ち立てること」である（S.447-8, 下101頁）。これは，今日の市民社会における運動論として，その方向は当然に貫徹しなければならない積極的な提議といえよう。
　だが，ハーバマスは，こうした運動も「機能的に分化した社会 funktional-differenzierten Gesellschaft」においては，最終的には限定された効果しか発揮できないという。すなわち「市民社会から発生する民主的運動にとっては，たとえば社会革命というマルクス主義観念の根底にある，自分自身を全体として組織化する社会という期待を放棄せざるをえないことになる。市民社会は，直接的には自分自身だけを変形させることができるにすぎず，間接的に，法治国家的に組織化された政治システムの自己変形に影響を及ぼす einwirken ことができる。さらに市民社会は政治システムのプログラム

形成に影響を及ぼす。しかし，それは，歴史哲学にいうようなマクロ主体，つまり社会全体を自己の支配に置き，同時に社会に対して正統的に振る舞うとされるマクロ主体 Großsubjekt，こうしたものの代価物ではない」(S.450, 103頁)。ここでいう「機能的に分化した社会」とは，生活世界とシステムの分化をさす。ハーバマスは，あくまでこの見地に立ち，市民社会がマクロ主体ではなく政治システムに「影響」を及ぼすところにあくまで限定する。ここに，「新しい社会運動」の射程と可能性がどこまで存在するかが問題となる。

　ところが，ハーバマスは，市民社会（ツィヴィールゲゼルシャフト）や政治的公共圏における運動について，実際にはつぎのように悲観的な見解を示す。すなわち，市民社会は，「特定の状況下において unter bestimmten Umständen，公共圏において影響力を獲得し，自己の公共的意見を通じて議会（および裁判所）に働きかけ，政治システムを公式の権力循環に順応させることができる」(S.451, 下104頁)。また，マス・コミュニケーションの社会学は西欧民主主義における「マス・メディアに支配され，権力の影響を払拭できない公共圏」に懐疑的な像を示しているとして，いう。社会運動，市民運動，市民フォーラム，政治団体，その他の集会・結社など，「要するに市民社会のさまざまな集団は，たしかに問題に対する感受性を有しているが，それらが発する信号，それらが与える刺激，これらは一般にはあまりに弱すぎて，短期間の間に政治システムを学習過程へ突き動かしたり，決定過程に修正を加えさせたりすることは，ありえない」(S.451, 下104頁)，と。

　それはなぜか。ハーバマスによれば，市民社会には三種の「行為者 Aktoren」が存在する。まず，それは，公衆「から」登場した行為者と，公衆の「前に」登場する行為者である。前者すなわち市民社会により強く根ざす行為者たちは，貨幣・組織能力・知識・社会資本といった不可欠の資本を調達してくれる「スポンサー」の援助に依存する。後者すなわち他領域から自己の資源を調達する必要のない政治的・社会的行為者は，本来的に組織化能力・資源・威嚇の潜勢力をもつ既成政党や大規模な利益団体である (S.453, 106-7頁)。第三の行為者は，情報の提供者であれ消費者であれ，その圧力の増大に曝されている「ジャーナリスト」とする。そして，ハーバマスは彼

らジャーナリストたちに「規範的理念」をこう提起するに止まる。「マス・メディアは啓蒙された公衆の代理人として理解されるべきであり，そうした公衆の学習能力と批判能力を同時に前提し，要求し，強化すべきである。……したがって，メディア権力は中立化されるべきである」（S.457, 下110頁）。ここに示されるのは，市民社会や公共圏での新しい社会運動が当面する諸状況のリアルな認識である。これらの場所におけるさまざまな団体や運動がいかに規範的な潜勢力を保持しているとしても，現実のシステムの壁がいかに大きいかということの認識であるが，それへの規制に対する期待表明に終わっている。それは，また，コミュニケーション論に立つ民主主義論の意義と限定の自己表明でもあろう。

「周辺部」と「市民的不服従」の運動

とはいえ，ハーバマスは，市民社会の可能性をさらに追及する。それは，市民社会（ツィヴィールゲゼルシャフト）の「周辺部 Peripherie」と「市民的不服従 bürgerliche Ungehorsam」の運動である。彼によれば，市民社会の周辺部は，政治という中心に対して「新たな問題状況を知覚し同定するためのより豊かな感受性」をもつ点で優位に立つ。核兵器の軍拡競争，ヒト・ゲノム研究のような科学実験，エコロジー危機などの諸問題は，国家機構・大規模組織・社会的機能システムの指導者から最初に取り上げらたことはなかった。そうした主題は，知識人・関与者・専門家などから提起され，集約された形で社会運動やサブ・カルチャーの核心を形づくり，メディアの論争的な報道を通じて「公共的な問題」となる（S.461, 下113頁）。さらに，ハーバマスは，「市民的不服従」の活動を，「制度化されていない市民的抵抗」が激化するときジャーナリズム的・政治的影響力を行使する「最後の手段」とする（S.462, 下115頁）。そして，この運動の「正当化」は「未完のプロジェクトとしての憲法」という動態的理解によっても支えられているとする。すなわち，憲法とは「完成された構造体」のではなく，「脆弱で不安定性」を抱え，なにより「可謬的で修正を必要とする」企てである。ゆえに，権利の体系は変転する「新たな諸情勢」の下でそのつど実現しなおさなければならない。つまり，憲法自体についてのハーバマスの最終的規定は，つぎのことである。「歴史上の諸憲

法は，同じ一つの実践——つまり自由で平等な法仲間の自己決定実践——の数多くの解釈として理解される。しかし，あらゆる実践と同様に，この解釈もまた歴史のなかに位置づけられる。関係者は，自己の実践がそもそも何を意味するかを明らかにしようとすれば，自らのそのときどきの実践から出発せざるをえないのである」（S.467，下119頁）。ここに，ハーバマス的公共圏や市民社会における新しい社会運動の究極的な根拠は，歴史的な憲法に対する，それ自体歴史的な解釈的実践に根拠づけられる。つまり，コミュニケーション的行為論の具体的実践論は，一種の歴史的相対主義にも帰結することになる。

　ハーバマスの公共圏や市民社会論の展開において，全体として指摘できることは，この両者が基本的にシステムに対して限定的だということである。それは，これらが，あくまで生活世界とシステムの境界に規定されていることに拠る。公共圏は市民からなる公衆による「社会的空間」とされるが，システムに根ざす利益集団に抵抗する「公開性」と同時に個人的な生活を反映する「親密性」を併せもつ。ゆえに，その基盤としての市民社会は，「非国家的・非経済的な共同決定および連帯的結合」，すなわち公共圏の枠内で「問題解決討議を制度化する連帯的結合」にすぎなくなる。したがって，この場における新しい社会運動も，「特定の状況下において」政治システムに「影響」を与えることに終わる。だが，こうした市民社会とその運動の限定性も，生活世界から必然的に「分化」したシステムという理論的前提が依然としてあるかぎり，必然的な論理帰結とならざるをえないのである。

4　ハーバマス民主主義論の意義と限定

　ここまで，ハーバマスの『事実性と妥当性』における主要な問題を批判的に追考してきた。それは，彼独自のコミュニケーション的行為論に立脚した，権利・法，また近代法治国家の規範的再構成論であり，さらに第三領域論としての独自な市民社会論（ツィヴィールゲゼルシャフト）と「新しい社会運動」論であった。では，その意義と問題性はどこにあるかを概括的に検討したい。

　ハーバマスは，権利・法の再構成にさいして，「討議原理」の法領域への

適用としての「民主主義原理」を機軸とした。すなわち，「妥当性要求の間主観的承認」を媒介とした，政治的意思形成による「権利体系」の制度化を試みた。ここに，市民が，法の「作成者」であり「受取人」であるという主体性を構築しようとした。また，法治国家の再構成としては，事実性としての国家すなわち権力機構・支配機構たる政治システムとしての国家を，市民社会を基盤とするコミュニケーション権力と規範的な制定法の結節によって包囲し，国家の妥当性・規範性の形成を試みたのである。

そして，実践的にも，ハーバマスはこの『事実性と妥当性』の観点を機軸として，冷戦後の 1990 年代以降も国民国家論・EU 論・グローバリゼーションや新自由主義論など多岐にわたって論陣を張ってきた。この中，『事実性と妥当性』に直接関わるとみられる「憲法パトリオティズム論」にふれよう。ハーバマスはこの主張を，国家の規範的構成という観点に立って，三つの側面から展開している。

第一に，ドイツの「西欧志向」においてである。彼によれば，ナショナリズム的国民意識には，法治国家や民主主義という「普遍主義」的な価値の志向と国民が自己を外部から区別する「個別主義」との緊張があり，ナチの時代には「物語風に構築された国民の歴史的連続性」という幻想が存在した。だが，今日のドイツには，「民主的立憲国家を核に結晶化した愛国心という形態には普遍主義的な実質が備わっている」と強調する[8]。第二は，1990 年の旧東ドイツの一種の「併合」的統一への反対と脱「国民国家」論においてである。ハーバマスは，ドイツが今日必要なのは旧式の「国民国家」に固執することなく，「多文化社会への道……なかんずく統合されたヨーロッパという，さまざまなナショナリティからなる一つの国家への道である」とし，そのさいの「ナショナル・アイデンティティ」は「共和主義的な自己理解，そして憲法パトリオティズムという自己理解」に依拠するべきとした[9]。さらに，第三には，ドイツ統一後の移民増加に対する排斥運動に対して，「1989 年まで続いていた政治的な市民性の増大のプロセスを，統一に伴う経済的かつ社会的な諸問題の圧力に負けて中断してはならないし，また変貌の結果，もはやエスニックなものに依拠しない，国家公民に基礎をもったネーションとしての自己理解を放棄してはならない」と勧告したのであった[10]。このよ

うに，ハーバマスは，法や権利また国家のコミュニケーション的行為論による再構成論に依拠し，ドイツやEUの現実的諸問題への積極的な介入を行ったのである。

　しかしながら，『事実性と妥当性』における市民のシステムへの参画すなわち市民の国家成員化という理論的展開について全体として指摘できることは，国家と市民社会の分離が逆に明確化されたことである。すなわち，市民社会（ツィヴィールゲゼルシャフト）は「非国家的・非経済的な共同決定および連帯的結合」なるものに規定され，そこでの「新しい社会運動」も全体として限定されるに至った。端的に言って，それは，能動的な国家成員の確立と受動的な市民への収斂の同時的過程であった。その根拠は，この民主主義論においても，コミュニケーション的行為理論による「了解志向的行為」と「成果志向的行為」の分離や「生活世界」と「システム」の対立という論理構成にもとづいている。つまり，法・権利，法治的国家の規範的再構成から市民社会や新しい社会運動規定までの展開は，この方法による一貫した演繹的展開である。「事実性」としての法・権利，法治的国家は，市民たちの「妥当性」要求によって包摂する企図はたしかに理論的・論理的には成立しえた。その現代的意義は，コミュニケーション的行為理論を広範に活用しうる「習熟した」諸国家においては決して少なくない。にもかかわらず，ハーバマスの「機能的に分化した社会」という理論構成において，システムと生活世界の分離が維持されているかぎり，国家と市民社会の併置形態は依然として残存し解かれえなかった。それゆえ，生活世界または市民社会は主体的力量を拡充することなく，そこでの運動も政治システムに対して限定的なものとされたのである。

　こうして，ハーバマスの民主主義論の新展開は，そのコミュニケーション的行為論自体の理論的制約性において，生活世界・市民社会と法・国家という政治システム，受動的市民と能動的国家成員の分離を克服しえなかった。つまり，その企図は，最終的には「個人的生活と類生活，市民社会の生活と政治生活の二元論」（マルクス「ユダヤ人問題のために」）という近代的社会観の枠組みを超えることができず，その二元論は封印されたまま終わったといわざるをえないだろう。

注

1) Jürgen Habermas, *Faktizität und Geltung*, Suhrkamp, 1992.『事実性と妥当性』上下，河上倫逸・耳野健二訳，未來社，2002-03 年。以下，文中とくに表記しないものは本書であり，引用文末の括弧内の数字は順に，テキストの頁，訳書の巻数，頁数である。訳文は基本的に邦訳に拠ったが，必ずしも同じではない。とくに Staatsbürger「国家市民」は「国家成員」に，権利・法の Adressat「名宛人」は「受取人」などに変更した。

2) Jürgen Habermas, *Theorie des kommunikativen Handelns*, Suhrkamp, 1981.『コミュニケーション行為の理論』上中下，河上倫逸他訳，未來社，1985〜87 年。以下，TH と表記する。

3) ハーバマスの「コミュニケーション的行為理論」自体の検討については，吉田傑俊・尾関周二・渡辺憲正編『ハーバマスを読む』（大月書店，1995 年）を参照されたい。

4) ハーバマス「法類型・実定法の妥当根拠・法制化」（『法制化とコミュニケーション的行為』河上倫逸・M. フーブリヒト編，未來社，1987 年）。

5) ハーバマスは，「自由主義」と「共和主義」に関わって，その思想のいわば淵源をカントとルソーに代表させ両者を次のように批判する（S.130-134, 上 128-131 頁）。カントは，道徳原理の「外的諸関係」への適用から「法の一般原理」を獲得しており，ルソーの主権者たる「国民の意思」には，「平等な主観的権利」が始めから含有されている。これに対し「討議による意見形成・意思形成においては了解志向的言語使用の発語内的拘束力を利用することで，理性と意思を結びつける——そしてすべての個人が強制なしに同意しうる確信を作り出すのであるが，この二つの考え方は，こうした討議による意見形成・意思形成における正統性の力というものが，まったく看過されている」。ここには，ハーバマスの法の正統性論が，「道徳原理」や「国民の意思」という内容性にではなく，「討議による意見形成・意思形成」という形式性に基づくことが逆に明確化されている。

6) ただし，アーレントは，「権力」をたとえば「（他者と）一致して活動する人間の能力」に対応した集団に属すると規定している（H. Arendt, *Crises of the Republic*, Harcourt Brace Jovanavich, 1969, p.155,『暴力について』山田正行訳，みすず書房，2000 年，145 頁）。この「活動 action」は，コミュニケーション的行為に限定されるものではない。

7) ハーバマスの，市民社会（ツィヴィールゲゼルシャフト）を「非国家的・非経済的な共同決定および連帯的結合」と規定し，国家や経済から「独立」した「第三領域」とする市民社会論は，現在，内外において少なくない影響力をもっている。それは，現在において市民的自立を強調するところから，たんに市民を〈ブルジョア的市民〉としてまた市民社会を〈ブルジョア的市民社会〉として捉えることへの規制を図るものである。だが，この観点は，検討したように，結果としては市民社会概念を矮小化することとなっている。

8) ハーバマス「歴史意識と伝統的アイデンティティ——ドイツ連邦共和国の西欧志向」（『法と正義のディスクルス』河上倫逸編訳，未來社）1999 年。

9) ハーバマス「ドイツ・マルク・ナショナリズム」(『近代未完のプロジェクト』三島憲一訳,岩波現代文庫)。
10) ハーバマス「ヨーロッパ要塞と新しいドイツ」(同前)。

参考文献

吉田傑俊・尾関周二・渡辺憲正『ハーバマスを読む』大月書店,1995年。
リチャード・バーンスタイン「民主主義的エートスの回復」マーティン・ジェイ編『ハーバマスとアメリカ・フランクフルト学派』竹内真澄監訳,青木書店,1997年。
今井弘道編『新市民社会論』風行社,2001年。
永井彰・日暮雅夫編著『批判的社会理論の現在』晃洋書房,2003年。

索　引

A－Z

ABC　58
BBC　158
CBS　58
『GO』　96
medium　2
MSA秘密保護法　153
NBC　58
"See It Now"　53
『USAトゥデー』（*USA Today*）　59, 60

ア　行

「あいのり」　101
新しい社会運動　187
アートフィルム　87, 88
アブグレイブ刑務所　150
アメリカ独立革命　51
アルカイダ　149
アーレント（Hannah Arendt）　182
安保刑特法　153

イエロー・ジャーナリズム
　　（yellow journalism）　52, 53, 54, 55
伊方原発訴訟　157
依存効果　116
板垣退助　129, 132
イメージ　51, 54, 61, 117, 120, 121
　　――解読能力　121
慰問運動　141, 142
慰問金　142
イラク戦争報道　149, 167, 168
違和感　69, 79, 82, 88
インターネット　56, 63, 165
インド　3-10, 14, 25-26
インドネシア　19

ヴェブレン（Thorstein Veblen）　9, 11
ウォーターゲート事件　54, 166
『ウォーターボーイズ』　91
『ウォール・ストリート・ジャーナル』
　　（The Wall Street Journal）　60
ウッドワード（Bob Woodward）　54

映画　69-70, 72, 76, 80, 85, 87
エイゼンシュテイン
　　（Sergei Eizenshtein）　73-75
映像に関する認知プロセスモデル　76, 77
映像認知　69, 70, 88, 89
映像を見た後のプロセス　77, 78
映像を見る瞬間のプロセス　77, 78
エーオーエル・タイム・ワーナー
　　（AOL Time Warner）　64
江藤新平　129
エンベッデド取材
　　（embedded reporting）　65
エンベットルール　168

『大阪朝日』　137, 139, 140, 142
『大阪毎日』　137, 142
お台場　103
　　――冒険王　104
小津安二郎　70-72
『踊る大捜査線』　96

カ　行

外交秘密　155, 156
開示請求　162
ガイドライン　154
外部志向型人間　116
外務省沖縄密約暴露事件
　　（外務省公電漏洩事件）　166
価格競争　115
桂内閣　136

加藤弘之　131
ガネット（Gannett）　55
ガンディー（Mahātma Gandhī）　3-16
カント（Immanuel Kant）　40-42, 175
関東軍　138, 140, 141

企業情報　162
企業の公共性　156, 159
企業の社会的責任　157, 158, 163
企業秘密　156, 157, 158, 163, 164, 165
　　──漏示罪　156, 165
記事の捏造　168
基本的人権　152
着物　23-25
客観－主観の二項対立　35, 46
客観報道　31-32, 45-46
キャッチフレーズ　119
キャンベル（John Campbell）　51
キューブリック（Stanley Kubrick）　71
行政参加　160
行政情報　159
行政の秘密主義　159, 160
行政文書開示請求権　160
虚偽意識　116

グーテンベルク（J. G. Gutenberg）　50
グラハム（Katharine Graham）　54
グリーリー（Horace Greeley）　52
軍機保護法　152
軍事秘密　152, 154, 155, 156
軍人勅諭　128
軍用資源秘密保護法　152

刑事特別法　153
ケーブル・ニュース・ネットワーク
　　（Cable News Network: CNN）　59,
　　60, 63, 64
言語的人間　175
現実の社会的構成モデル　46
憲法パトリオティズム　194
権利体系　176
権力監視機能（マス・メディアの）　165

公益通報者保護法　164, 166

効果　69-71, 75-77, 79, 80, 84, 85, 87, 88
号外合戦　137
公共圏　184
広告　70, 80, 82-88
　　──コミュニケーション　115
　　──コミュニケーションの権力　118
購買動機　115
公文書館　161
公文書公開条例　160
告知的性格　115
国防保安法　152
国民主権　151, 152, 159, 160
『国民新聞』　134, 135, 136
国民保護法　166
誇示的消費　116
個人情報保護法　166
個性化市場　120
ゴダール（Jean-Luc Godard）　81-82
国家公務員法　154
国家総動員法　152
国家秘密　151, 152, 154, 155, 159, 165, 166
　　──法　153
　　──保護法制　152, 153, 154
後藤象二郎　129
コミュニケーション行為　113
コミュニケーション的権力　181
コミュニケーション的行為論　173
小村寿太郎　136, 137
小室信夫　130
コンプライアンス（法令遵守）　163

　　サ　行

差異化　117
裁量公開主義　159
裁量秘密主義　159
『サザエさん』　105
『ザ・サン』（*The Sun*）　52
サッティーヤグラハ　3-5
『サバイバー』　101
産業革命　3, 7, 8
参政権　160
三世界論　42-45
三大ネットワーク（ABC, CBS, NBC）　58

索　引　199

サンフランシスコ平和条約　153

自衛隊法　153, 154
汐留シオサイト　108
事後的な調整　116
『時事新報』　137
市場細分化戦略　117
市場ジャーナリズム　49, 50, 56, 57, 62, 65, 66
市場創出　118
システムと生活世界　174
指定公共機関　167
視点の再設定　79, 82, 84, 88
自動編集　75, 88, 89
市民社会（チィヴィル・ゲゼルシャフト）　187
　　──（ビュルガーリッヒェ・ゲゼルシャフト）　189
市民的不服従　192
社会市民と国家成員　179
社会操縦手段　113, 116, 118, 124
ジャズ・ジャーナリズム（jazz journalism）　52, 53, 55
ジャーナリスト　50, 57, 61, 62, 191
ジャーナリズム　50, 53, 54, 58
従軍記者戦況報告会　141
自由主義と共和主義　178
周辺事態法　154
住民基本台帳（住基ネット）法　167
自由民権運動　129, 130
主権国家　155
取材源の秘匿　166
取材の自由　166, 167
守秘義務　152, 154, 159
準拠集団　123
少衆　120
消費者ターゲット　117
消費者中心主義（消費者主権）　117, 122
消費選択行為　119
消費のスタンダードパッケージ　118, 119, 120
消費の潜在的欲求　116
消費の多様化　117
商標　115

消費欲望の肥大化　124
情報開示請求権　165
情報環境　149, 167, 168
情報管理　149
情報（の）公開　149, 154, 159, 163, 163
　　──審査会　162
　　──請求　160
　　──制度　160, 161, 162, 163
　　──法　156, 160, 163, 165, 166
情報受容過程　123
情報スーパー・ハイウエー構想　56
情報操作　149, 150
　　──疑惑　150
情報の秘匿　149, 159, 161, 167
植民地　3, 7, 8
需要創出　116
知る権利　160, 163, 165, 166, 167, 169
人権と国民主権　177
『新聞雑誌』　131
新聞紙刊禁止布告　130
新聞紙条例　130
新聞・出版規制　152

杉村楚人冠　33
スクープ　65
スクリプス（E. W. Scripps）　52
スクリプス・ハワード（Scripps-Howard）　55
ストーリー　69-80, 82-89
　　──以外の側面　69, 71, 72, 79
　　──理解の制約の緩和　79, 83, 88
『スポーツ・イラストレーデド』（*Sports Illustrated*）　64

成果志向的態度　174
製作委員会方式　97
生産の事前調整　116
政治参加　160, 166
成熟市場　118, 120
制約　72
世界都市博覧会　107
『世界の中心で、愛をさけぶ』　97
切断技法　70, 71, 76, 80-82, 84-89
説得するコミュニケーション　115

説明責任 160
世論（せろん／せいろん） 127, 128
1934年通信法
　　（The Communications Act of 1934） 63
1996年電気通信法
　　（The Telecommunications Act of 1996） 49, 56, 63, 66
「戦艦ポチョムキン」 73-75
ゼンジャー（John Peter Zenger） 51
センセーショナリズム（sensationalism） 52

煽動モデル 144
『千と千尋の神隠し』 96
全米情報基盤（NII） 56, 63

副島種臣 129

タ　行

大衆新聞 142
代表民主政 151
『タイム』（*TIME*） 64
タイム（Time Inc.） 64
タイム・ワーナー（Time Warner） 64
大量消費 113, 115, 118
大量生産 3, 8, 16, 113, 118
大量破壊兵器 149, 150
ターナー（Ted Turner） 59
ターナー・ネットワーク・テレビジョン
　　（The Turner Network Television; TNT） 64
ターナー・ブロードキャスティング・システム
　　（The Turner Broadcasting System; TBS） 63, 64
多品種少量生産 119, 120
タブロイド（tabloid） 52
単純広告 121

調査ジャーナリズム 53, 54, 55, 57, 66

通常モデル 143
通信傍受 166
──法 166
通信メディアの融合 49

提案型広告 119
ディキンソン（John Dickinson） 51
デカルト（René Descartes） 36-38
手仕事 3-28
テーベの遺跡 114
テレビ朝日 108
テレビ・ジャーナリズム 53

討議原理 174
『東京朝日』 134, 135, 136, 137, 138, 139, 140, 141, 142
『東京日日』 131, 132, 142
『東京二六新聞』 135
「東京物語」 70-71
盗聴法 166
ドキュメント・バラエティ 101
特許情報 156
『トリビアの泉』 105
トンプソン（Thomson） 55

ナ　行

ナイト・リッダー（Knight-Ridder） 55
内部告発 163, 164
──者保護法（公益通報者保護法） 164, 166
南北戦争 52

ニクソン・ショック 54
20世紀フォックス（Twentieth Century Fox Corporation） 64
「2001年宇宙の旅」 71-72
日米安全保障条約 153
日米相互防衛援助協定 153
日米地位協定 153
日露戦争 132, 135, 137
日支両軍衝突画報 139
『日新真事誌』 129, 130, 131, 132, 143
日本軍国主義 153
日本国憲法 153, 157
日本テレビ 108

索　引　　201

日本電報通信社（電通）　138
ニュース・コーポレーション・リミテッド
　　　（News Corporation, Limited）　64
ニュース・メディア　61
ニューハウス（Newhouse）　55
『ニューヨーカー』（*New Yorker*）　150
『ニューヨーク・タイムズ』
　　　（*The New York Times*）　60
『ニューヨーク・デイリー・ニュース』
　　　（*The New York Daily News*）　52
『ニューヨーク・トリビューン』
　　　（*The New York Tribune*）　52
『ニューヨーク・ヘラルド』
　　　（*The New York Herald*）　52

布　1-28

ネットワーク・ニュース　60, 62

能動的な消費者　120

　　　ハ　行

排外モデル　144
ハースト（William Randolph Hearst）
　　　52, 55
パーソナル・ジャーナリズムズム
　　　（personal journalism）　50, 51, 52,
　　　54, 55, 57, 66
ハーバマス（Jürgen Habermas）　173-195
『パブリック・オカーレンス・ボース・フ
　　　ォーリン・アンド・ドメスティク』
　　　（*Publick Occurrences Both Forreign
　　　and Domestick*）　51
パラジャーノフ（Sergei Parajanov）　82
原寿雄　31-32, 34, 35
ハリス（Benjamin Harris）　51
「晩春」　71
バーンスタイン（Carl Bernstein）　54

非開示情報　155
非価格競争　115, 116
非核三原則　155, 157
非合理化　80

『ビッグ・ブラザー』　101
日比谷焼打ち事件　133, 135, 136, 137,
　　　142
秘密指定　153
ピュリッツアー（Joseph Pulitzer）　52
非連続性　81, 82
ヒンドゥー・スワラージ　3-5

ファッション　9-11
『フォーチュン』（*FORTUNE*）　64
フォックス・ブロードキャスティング・カ
　　　ンパニー
　　　（Fox Broadcasting Company: FBC）
　　　64, 65
フォト・ジャーナリズム
　　　（photo journalism）　53, 54
不開示情報　160, 163
複合広告　120, 121
複製環境　149
フジテレビ　91
　　　──映画部　96
ブラック（J. R. B）　132
ブラッドリー（Ben Bradlee）　54
フランクリン（Benjamin Franklin）　51
ブランド　115
　　　──イメージ　80, 87
　　　──・エクイティ　121
　　　──競争　122
　　　──構築　123, 124
　　　──戦略　122
　　　──という記号　122
　　　──・プロパティ　121
　　　──・ロイヤリティ　121
ブリーフィング　168
武力攻撃事態法　154, 167
プリント・メデイア　57, 62
プロフェッショナル・ジャーナリズム　61
文化的なコード　123
分衆　120
文書非存在　161
文明開化モデル　143

平和主義　152, 153, 155
ヘーゲル

（Georg Wilhelm Friedrich Hegel） 189
ヘッドコピー 119
ヘッドライン・ニュース（Headline News） 59
ペニー・プレス（penny press） 52, 55, 57
ベネット（James Gordon Bennett） 52
ペルー 17
編集 69, 72, 74, 78, 80, 81
ペンタゴン・ペーパーズ事件（米国国防総省ベトナム秘密報告書暴露事件） 54, 166
ホイスル・ブローワー（whistle blower; 正義の通報者） 163
防衛秘密漏洩罪 154
法制化 175
放送メディア 57
法治国家 173
報道の自由 166
法と道徳 177
『ボストン・ニューズレター』（*The Boston News-Letter*） 51
ポッター（David M. Potter） 113, 116
ボディコピー 119
ボードウェル（Bordwell） 74
ポパー（Karl Popper） 42-45
本多勝一 33, 34, 35

マ 行

マクルーハン（Marshall McLuhan） 2
マーケティング 116, 121
マーケティング調査 116
馬城台二郎（大井憲太郎） 131
マス・メディア 49, 53, 149, 165, 166, 167, 168, 169
　　——の社会的責任 169
　　——の自律 167, 169
マッカーシー（Joseph R. McCarthy） 53
マッカーシズム（McCarthyism） 53
マックマナス（John H. McManus） 56, 57

マードック（Rupert Murdoch） 64
マルクス（Karl Marx） 189
マロウ（Edward Murrow） 53
満州慰問使特派 142
満洲事変 138
「満洲事変写真画報」 139, 141
南満州鉄道（満鉄） 138
民主主義 165, 167, 169, 173
　　——原理 174
民撰議院設立建白書 129, 131, 132, 143
民撰議院論争 130, 131, 132, 143
『めちゃ×2イケてる』 105
メディア 1, 2, 10, 11, 12, 27, 28, 49, 128
　　——・イベント 93
　　——企業体 50, 56
　　——革命 56, 57
メトロメディア（Metromedia） 64

物語 89
物－心二元論 36-38
モリス（William Morris） 12-16, 25
モンタージュ理論 74, 75
文様 2, 17-27

ヤ 行

有事法制 154, 156
『郵便報知』 131
予告編 70
『横浜毎日』 131, 132
『万朝報』 135
世論（よろん） 127, 128
輿論（よろん） 127, 128

ラ 行

『ライフ』（*LIFE*） 64
ライフスタイル 118, 119
ラオス 20, 27

リアリティTV 101
リムパック 154

索　引　203

柳条湖事件　138
了解志向的態度　174
ルソー（Jean-Jacques Rousseau）　175

霊媒（シャーマン）　2, 17
連邦通信委員会
　　（Federal Communications Commission: FCC）　59, 63

ローカル・テレビ局　58
ローカル・ニュース　58
『ロサンゼルス・タイムズ』
　　（*The Los Angeles Times*）　60

ロック（John Locke）　39-40
六本木ヒルズ　108

　　ワ　行

若槻内閣　140, 142
『ワシントン・ポスト』
　　（*The Washington Post*）　54
ワーナー・コミュニケーションズ・インク
　　（Warner Communications Inc.）　64
ワーナー・ブラザーズ
　　（The Warner Bros.）　64

編　者
石坂悦男（いしざか えつお）
　　法政大学社会学部教授
田中優子（たなか ゆうこ）
　　法政大学社会学部教授

執筆者
藤田真文（ふじた まふみ）
　　法政大学社会学部教授
荒木暢也（あらき のぶや）
　　法政大学社会学部教授
金井明人（かない あきひと）
　　法政大学社会学部専任講師
丹羽美之（にわ よしゆき）
　　法政大学社会学部助教授
須藤春夫（すどう はるお）
　　法政大学社会学部教授
奥　武則（おく たけのり）
　　法政大学社会学部教授
吉田傑俊（よしだ まさとし）
　　法政大学社会学部教授

メディア・コミュニケーション──その構造と機能

2005年9月9日　　初版第1刷発行

編　者　石坂悦男／田中優子
発行所　財団法人 法政大学出版局
　　　　〒102-0073 東京都千代田区九段北 3-2-7
　　　　電話 03 (5214) 5540　振替 00160-6-95814
組版：HUP　印刷：(株)キャップ　製本：根本製本(株)
© 2005 Etsuo Ishizaka, Yuko Tanaka et al.
Printed in Japan

ISBN4-588-67509-5

テレビと日本人　「テレビ50年」と生活・文化・意識
田中 義久・小川 文弥 編 ……………………………………………………… 3800円

記憶・暴力・システム　メディア文化の政治学
伊藤 守 著 ……………………………………………………………………… 2800円

ヒト・社会のインターフェース　身体から社会を読む
小林 修一 著 …………………………………………………………………… 2500円

社会システム論と自然　2000年度日本社会学史学会奨励賞
挟本 佳代 著 …………………………………………………………………… 4300円

秩序問題の解明　恐慌における人間の立場
左古 輝人 著 …………………………………………………………………… 2800円

占領期メディア分析
山本 武利 著 …………………………………………………………………… 9700円

マスコミの受容理論　言説の異化媒介的変換
佐藤 毅 著 ……………………………………………………………………… 3000円

性と文化
山本 真鳥 編 …………………………………………………………………… 2500円

他者の受容　多文化社会の政治理論に関する研究
J. ハーバーマス／高野 昌行 訳 ……………………………………………… 4500円

人間の将来とバイオエシックス
J. ハーバーマス／三島 憲一 訳 ……………………………………………… 1800円

場所を消費する
J. アーリ／吉原 直樹・大澤 善信 監訳 …………………………………… 4800円

観光のまなざし
J. アーリ／加太 宏邦 訳 ……………………………………………………… 3300円

PR！　世論操作の社会史
S. ユーウェン／平野 秀秋・左古 輝人・挟本 佳代 訳 …………………… 6900円

社会の芸術
N. ルーマン／馬場 靖雄 訳 …………………………………………………… 7800円

社会の法　1・2
N. ルーマン／馬場 靖雄・上村 隆広・江口 厚仁 訳 ……… (1) 4400円／(2) 4600円

＊表示価格は税別です＊